UNIVERSITÉ DE FRANCE.

ACADÉMIE DE GRENOBLE.

FACULTÉ DE DROIT DE GRENOBLE.

# THÈSE
## POUR LE DOCTORAT,

Soutenue à la Faculté de droit de Grenoble,
le 13 Août 1859.

# ÉTUDE

## SUR LA

# NOVATION

## EN MATIÈRE D'ENREGISTREMENT,

### PRÉCÉDÉE D'UNE

## INTRODUCTION HISTORIQUE

#### ET DU

## DÉVELOPPEMENT DE LA DOCTRINE ROMAINE SUR LA NOVATION,

PAR

### M. Ernest BOULANGER,

DOCTEUR EN DROIT, LAURÉAT DE FACULTÉ,

Premier commis de la Direction des Domaines de la Meuse.

1859

A MONSIEUR AMYE,

Administrateur de l'Enregistrement et des Domaines.

———◆·☓·◆———

J'ai désiré vous offrir la dédicace de ma thèse de docteur et vous avez bien voulu l'accepter ; je vous en remercie du fond du cœur. Cet opuscule est trop peu de chose pour mériter d'être placé sous votre patronage, mais mon vœu sera rempli s'il vous témoigne la vive gratitude que j'ai conservée de la bienveillance avec laquelle vous avez encouragé et facilité mes études de droit.

Permettez-moi de joindre à votre nom celui de M. Hallez, mon excellent Directeur, dont les leçons ont guidé mes premiers pas dans la science administrative et chez lequel je retrouve aujourd'hui les conseils d'une paternelle sollicitude.

E. BOULANGER.

# PREMIÈRE PARTIE.

## DE LA DOCTRINE ROMAINE SUR LA NOVATION.

———

### PRÉLIMINAIRES.

Aucune partie du droit romain n'offre une plus grande utilité pratique que l'étude des obligations. On rencontre bien dans le reste de la législation des points de contact nombreux avec nos lois modernes, mais ils se confondent souvent au milieu des principes particuliers au génie du peuple romain, et ce n'est que par une étude assez attentive que l'on peut rétablir entre les deux législations cette harmonie d'origine si fertile en résultats pour l'étude de la science juridique.

Il y avait, à Rome, dans la constitution de l'état des personnes et même dans la théorie des droits réels, des points de vue si singuliers qu'ils sont restés propres à cette nation et qu'aucun peuple n'a été tenté de se les approprier. C'était l'effet naturel d'une constitution politique qui,

absorbant l'individu et la famille dans l'Etat, sa-
crifiait tout à l'esprit de nationalité, concentrait
la puissance dominicale entre les mains d'un seul
et imprimait à la propriété entre ses mains un
caractère presque indélébile.

Ces institutions d'un autre âge ne surent pas résister aux inspirations de la philosophie stoïcienne
ni aux idées élevées du christianisme; elles dispa-
rurent lentement, et l'histoire de la législation de
Rome à travers les siècles n'est guère que le spec-
tacle constamment reproduit de cette longue lutte
entre l'ancien droit qui se défend avec énergie au
nom de ses institutions et de la sûreté publique, et
la législation nouvelle qui s'insinue dans les masses
par la notion du devoir.

Il vint un temps ou la barbarie succomba parce
que la barbarie c'est la violence et que, comme dit
Pascal, « la violence n'a qu'un cours borné par
» l'ordre de Dieu qui en conduit les effets à la
» gloire de la vérité qu'elle attaque, au lieu que la
» vérité subsiste éternellement et triomphe enfin
» de ses ennemis parce qu'elle est éternelle et puis-
» sante comme Dieu même. »

Mais il y a entre les hommes d'autres rapports
que ceux qui les rattachent à l'Etat ou à la famille.
Toutes ces conventions qui règlementent les intérêts privés des citoyens et qu'on appelle droits
personnels n'ont pas avec le droit public une affi-
nité aussi grande, et elles sont demeurées plus
à l'abri des singularités de la législation stricte.

On l'a dit avec raison : ce ne sont pas les conventions humaines qui peuvent créer les idées du
juste ou de l'injuste. Ces idées sont dans la conscience de l'homme probe et éclairé. Aussi, les
principes qui régissent cette partie du droit sont de
tous les temps, et quand ils ont été formulés avec
cette profondeur de savoir qui distingue les jurisconsultes de Rome, on peut les suivre comme
des guides sûrs, parce qu'ils représentent la raison
écrite dont les fondements sont immuables. « C'est
» un devoir pour nous, disait M. Jaubert, en
» présentant au Tribunat le titre 3 du Code Napo-
» léon, de répéter que l'étude des lois romaines
» sera toujours aussi nécessaire que la distribution
» de la justice. Le travail des Romains dans la
» partie des contrats est le chef-d'œuvre de la
» raison humaine et c'est à eux que nous devons
» presque tout entier le titre de notre Code qui
» renferme les éléments des obligations conven-
» tionnelles. »

Ce n'est pas à dire qu'il y ait entre leurs écrits
et nos lois une analogie complète; le génie de
chaque peuple est différent et nous aurons, dans
le cours de cette étude, à signaler des dissem-
blances assez nombreuses, car la loi romaine a
toujours conservé des caractères de subtilité et de
rudesse; mais ce ne sont que des accidents dont
l'appréciation est facile et qui ne détruisent pas la
remarquable concordance des deux législations.

Les moyens auxquels la loi civile conférait la puissance de créer des obligations présentent eux-mêmes un reflet particulier de la sévérité des constitutions antiques. Ils étaient renfermés dans un cercle tellement circonscrit et entouré de protections si incommodes qu'il est surprenant de voir comment ils suffisaient pour satisfaire même les premiers besoins d'un peuple naissant. Il est vrai qu'à l'origine les habitants de Rome, exclusivement adonnés à la guerre et vivant d'une vie entièrement publique, devaient avoir peu de rapports d'intérêts personnels : peut-être d'ailleurs à cette époque de violences et de troubles était-il nécessaire de diminuer les causes de mauvaise foi en restreignant la liberté des conventions.

Quoiqu'il en soit, la législation est d'une précision rigoureuse. Le consentement seul ne suffit pas pour créer un droit, il faut qu'il se révèle par une solennité extérieure, qu'il se matérialise au moyen d'un symbole physique, comme si l'élément moral du contrat, ce véritable producteur de l'obligation, n'était qu'un accessoire impuissant et vain.

La marche de l'esprit humain est lente dans le domaine des idées métaphysiques. Il fallut des siècles pour abstraire le consentement pur et simple de sa manifestation externe et pour ne plus voir dans le formalisme ancien qu'un vêtement destiné au relief du droit, mais inutile à son existence.

C'est ainsi que le *nexum*, cette vente solennelle *per æs et libram*, dans laquelle on ramenait à des

appréhensions corporelles toutes les créations juridiques, se débarrassa d'abord des opérations ma-
nuelles qui l'accompagnaient, pour ne conserver
que le rite sacré des mots, et produisit la stipulation. Puis, abandonnant plus tard par des transi-
tions successives la nécessité même du langage
consacré, elle donna naissance au contrat littéral
dont la liberté d'allures est déjà bien loin de la
mancipation. Enfin, l'élément consensuel essaya
de secouer les chaînes du matérialisme qu'on lui
imposait et il fit son entrée dans la législation par
les contrats de vente, de louage, de société et de
mandat. Il n'alla cependant pas plus loin dans
le droit civil et ne put même s'y dégager entièrement pur de toute association au monde physique;
mais la barrière était brisée et les Préteurs, hardis
auxiliaires de l'équité, introduisirent par cette
brèche l'usage des contrats consensuels dont plusieurs s'acclimatèrent dans la jurisprudence, et qui
donnèrent tous naissance à des obligations naturelles.

On voit se reproduire les mêmes effets dans les
modes d'extinction des obligations.

La sévérité qui accompagnait la naissance du
droit devait présider à son anéantissement. Aussi,
le consentement seul ne pouvait-il pas plus éteindre
un droit que servir à le former.

Le premier moyen de libération, celui d'ailleurs
qui découle de la nature des choses, c'est l'exécution de la promesse du débiteur, et ce fait em-

brasse dans sa généralité toutes les prestations possibles. *Tollitur omnis obligatio solutione ejus quod debetur.* (*Institutes*, liv. 3, tit. 30, Pr.)

Mais en examinant, dans un autre ordre d'idées, comment, à défaut de cette exécution directe, l'obligation pouvait s'éteindre par la volonté des parties, nous trouverons un parallélisme frappant entre les moyens de création et ceux d'extinction des droits personnels.

En effet, les parties ne peuvent se dégager de leur obligation qu'en reprenant exactement la voie qui les y a conduites. *Nihil tàm naturale est*, dit Ulpien, *quam eo genere quidquid dissolvere quò colligatum est.* C'est pourquoi tous les engagements qui résultaient du *nexum* ou qui avaient une origine dérivée de cet ancien symbole, s'éteignaient *per æs et libram*, au moyen d'un paiement imaginaire que le créancier était réputé avoir reçu. Cette curieuse partie du droit est mentionnée dans les *Commentaires de Gaïus*, III, §§ 173 et 175.

L'obligation verbale ou la stipulation s'évanouissait de même au moyen d'une stipulation contraire dans laquelle le débiteur demandait au créancier s'il tenait l'objet de l'obligation pour accompli, et qui était suivie de la réponse affirmative de celui-ci. Ce paiement n'éteignait dans le principe que les obligations verbales.

Quant aux obligations résultant du contrat littéral, bien qu'on ne trouve dans les textes aucune mention de leur extinction par des inscriptions opposées, il n'est pas douteux qu'elle avait lieu ainsi. Le peu d'usage de cette nature d'obligation explique le silence des auteurs sur ce point.

Enfin, le simple dissentiment suffisait pour anéantir les contrats consensuels. ( Loi 80, au *Digeste*, liv. 46, tit. 3.)

La novation forme un dernier moyen reconnu par la loi pour éteindre une obligation civile. Elle constitue une dérogation bien remarquable aux principes, et je suis porté à penser qu'elle n'est arrivée à se classer au nombre des modes d'extinction du droit civil qu'au moyen d'une espèce d'usurpation.

En effet, la novation s'applique à toute sorte de dettes, réelles, verbales, littérales ou consensuelles. *Omnes res transire in novationem possunt, quodcunque sive verbis contractum est sive non verbis* (L. 2, D. 46, 2.) Or, s'il s'agit d'une obligation qui ne provienne pas d'un contrat verbal, il arrivera que son extinction sera produite sans qu'il y ait eu exécution même de l'engagement ni emploi de la forme qui a servi à lui donner naissance. On voit que c'est là un résultat bien opposé aux principes qui dominent en droit romain la matière des libérations et qui sont établis dans la loi 35, *D.* liv. 50, tit. 17.

On ne peut pas dire qu'au moyen de la novation il y a paiement effectif et que l'objet primitif de l'engagement est réellement acquitté, car la nature même des choses résiste à cette théorie, puisque la novation a précisément pour but de substituer un nouvel objet à une prestation antérieure non accomplie.

L'extension du principe qui a produit la novation a beaucoup d'analogie avec la transformation du contrat verbal primitif en une stipulation particulière appelée *Aquilienne*, destinée à éteindre tous les engagements. L'on peut croire que, comme elle aussi, c'est un développement prétorien de la *solutio*, introduit par l'équité dans la législation civile.

Ces modes d'extinction des obligations opèrent *ipso jure*, et le droit se trouve pleinement anéanti à tous égards. Il n'en est pas ainsi des autres moyens de libération que la loi n'a pas reconnus. Leur efficacité n'est pas suffisante pour dissoudre le lien de droit civil qui unit les parties; comme les pactes dans les obligations, ils n'agissent qu'indirectement, et le débiteur doit solliciter du Préteur le secours d'une exception pour repousser la demande du créancier qui veut encore agir, après avoir obtenu satisfaction.

# CHAPITRE PREMIER.

## DE LA NOVATION ET DE SES DIFFÉRENTES ESPÈCES.

SOMMAIRE :

1.° Définition.
2.° Novation nécessaire.
3.° Novation privative, cumulative, modificative.
4.° Novation volontaire.

I. Dans l'acception la plus large du mot, la novation consiste dans le changement d'une obligation antérieure.

Les causes qui opèrent cette transformation ne sont pas toujours les mêmes, et de leur différence on a déduit une première division des novations en *novation volontaire* et *novation judiciaire* ou *nécessaire;* l'une qui résulte du consentement des parties, l'autre qui est imposée par la loi comme la conséquence forcée de l'engagement tacite pris par les plaideurs, à un certain moment de la procédure, de poursuivre devant le juge la décision du litige.

II. Cette dernière présente des caractères spéciaux qui la distinguent complètement de la novation volontaire. Les effets qu'elle produit sont surtout beaucoup moins étendus et se séparent tellement des résultats ordinaires de la novation que plusieurs interprètes ont refusé d'en reconnaître l'existence. Ainsi, tandis que la novation volontaire, en éteignant

la première obligation, entraîne avec elle la ruine
de tous les accessoires et de toutes les garanties dont
profitait le créancier, la contestation en cause, d'où
résulte la novation judiciaire, les lui conserve entièrement.

Accurse a développé, avec son abondance ordinaire, les motifs de refuser à la *litis contestatio* la possibilité de nover l'engagement du débiteur poursuivi ;
mais Donneau a fort lucidement réfuté son argumentation quelque peu scholastique (Liv. 16, ch.
20, n.° 37). Sans m'arrêter à reproduire ses raisons, je crois suffisant de faire remarquer que le
système d'Accurse est contraire au texte de la loi 29,
au *Digeste*, liv. 46, titre 2, où on lit : *Aliam causam
esse novationis voluntariæ, aliam judicii accepti, multa
exempla ostendunt*, et encore au § 180 du 3.ᵉ commentaire de Gaïus (*Junge* § 263 des fragments du
Vatican).

Au surplus, la discussion n'est qu'une affaire de
mots, car les jurisconsultes sont d'accord, au fond
des choses, sur les effets différents de l'une et l'autre
novation.

III. La novation volontaire étant le résultat direct
du libre accord des parties, a reçu pour cela le nom
de novation privative, et la novation nécessaire s'appelle souvent novation cumulative, parce qu'elle
ne produit jamais pour le demandeur qu'un effet
utile à sa créance en ajoutant aux garanties anciennes des priviléges nouveaux.

Mulhenbrück enseigne qu'il faut encore distinguer la novation modificative dans laquelle la première obligation reste la même, les accessoires seuls étant changés. *Vetus obligatio confirmatur novum que ei additur adminiculum.* Mais cette idée du savant auteur n'est pas exacte pour la novation volontaire, car si la première obligation n'est pas éteinte, il n'y a pas novation. Il faut la restreindre, comme le fait remarquer avec raison M. Molitor, n.° 1029 des *Obligations*, à cette novation imparfaite qui résulte de la *litis contestatio* et dont les effets n'ont, en définitive, d'influence que pour les accessoires de l'obligation.

IV. Je ne m'occuperai, dans ce travail, que de la *novation volontaire*.

Le jurisconsulte Ulpien, dans la loi 1, au *Digeste*, liv. 46, titre 2, la définit ainsi : *Novatio est prioris debiti in aliam obligationem vel civilem vel naturalem transfusio atque translatio, cùm ex præcedenti causa ità nova constituatur ut prior perimatur.* La novation est la transformation d'un premier engagement en une seconde dette civile ou naturelle, quand on prend pour cause de la nouvelle dette l'ancienne obligation, de manière à ce que celle-ci disparaisse. Cette définition sera complète si on ajoute que la première obligation peut être également naturelle ou civile.

La novation volontaire se subdivise elle-même en :

— Novation proprement dite ou *in specie*,
— Délégation.

La première a lieu quand l'opération s'effectue entre les mêmes parties, sans l'intervention d'un tiers, c'est-à-dire que le débiteur et le créancier restant les mêmes, la dette seule est changée.

La délégation est une novation particulière qui se produit par l'intervention d'une nouvelle personne, quand le premier obligé donne un autre débiteur à son créancier ou que le débiteur reçoit lui-même un nouveau créancier, pourvu que, dans les deux cas, le premier engagement se trouve anéanti.

La délégation est assujettie à peu près aux mêmes règles que la novation *in specie*, cependant il convient de ne pas les confondre dans les explications.

# CHAPITRE II.

## DES CONVENTIONS QUI PEUVENT SERVIR A LA NOVATION.

SOMMAIRE :

V. J'ai fait remarquer que la novation dérogeait au principe qu'une obligation civile ne peut être éteinte que par l'accomplissement direct de l'engagement du débiteur ou par l'emploi des formes mêmes qui ont servi à la contracter. Mais cette anomalie ne va pas plus loin, et la novation ne s'opère, en thèse générale, que par un mode assez puissant pour éteindre l'obligation civile qu'il s'agit de nover. Or, ces modes sont, indépendamment du *nexum* depuis longtemps tombé dans l'oubli, la stipulation et l'obligation littérale.

VI. On novait à l'aide de ce dernier moyen quand le créancier et le débiteur mentionnaient réciproquement sur leurs registres le changement de l'objet de la dette. Il y avait alors à la fois extinction de la première obligation et création civile d'un nouveau lien ( Gaïus III, §§ 129-130, ). Mais l'emploi des registres domestiques pour le règlement des intérêts privés ne fut pas de longue durée. On en voit, à partir de Cicéron, décroître successivement l'usage jusqu'à ce que les textes cessent totalement d'en faire mention.

VII. Il n'est donc plus resté, comme mode usuel de novation volontaire, que le contrat verbal, et c'est de lui, en effet, que parlent les lois romaines et presque tous les auteurs (L. 2, D., liv. 46-2. *Institutes*, liv. 3, tit. 29, §§ 2 et 3.). Le stipulant demandait au débiteur si, au lieu de 2,000 sesterces, par exemple, il promettait l'esclave Stichus. Le débiteur répondait affirmativement et la créance se trouvait transformée. Ce procédé était très simple; on devait certainement le préférer au contrat *litteris* qui obligeait le créancier à surveiller l'inscription de sa dette sur le registre de son débiteur.

VIII. Il existe néanmoins des hypothèses dans lesquelles la première obligation est changée sans le secours du contrat littéral ou de la stipulation.

Ces particularités se rattachent à la théorie des pactes dont l'intelligence nécessite quelques détails.

Nous savons qu'on appelait ainsi toutes les con-

ventions qui n'étaient pas comprises dans la liste
des contrats du droit civil. La facilité avec laquelle
elles se formaient, et la variété des transactions
qu'elles faisaient naître, en accrurent tellement l'emploi que la jurisprudence prétorienne en favorisa le
développement et chercha à leur conférer une validité que la loi civile ne leur reconnaissait pas.

IX. Il fut d'abord reçu, à peu près généralement, que quand un pacte serait joint immédiatement *ex continenti* à un contrat du droit civil, il
produirait les mêmes effets obligatoires et pourrait,
comme lui, servir à une novation. Il n'y avait pas
alors un contrat et un pacte, mais un contrat modifié par un pacte. Je sais bien que d'assez graves
hésitations s'étaient produites parmi les jurisconsultes romains au sujet des pactes joints immédiatement aux contrats *de droit strict*, comme la stipulation, et qu'il leur répugnait de considérer des
conventions de bonne foi comme pouvant s'identi-
fier avec des contrats de droit strict; mais il semble
que la *disputatio fori* avait fini par triompher de ces
scrupules et adopter l'opinion de Paul à la Loi 40,
D., liv. 12, titre 1.

Quant aux pactes intervenus après le contrat, *post
intervallum*, ils n'étaient valables qu'à l'égard des
contrats de bonne foi, comme la vente, le louage,
etc., et seulement quand ils portaient sur la substance même de ces contrats, parce que alors, inter-
venant *rebus integris*, la première convention était

réputée non avenue et remplacée *ab initio* par un nouveau contrat jouissant de toutes les prérogatives de l'ancien.

Il faut bien faire attention ici qu'il ne s'est pas produit de novation, car le premier contrat est censé ne pas avoir été formé, et on ne peut éteindre ce qui n'a pas existé. C'est pour cela que si ce premier contrat avait reçu une exécution totale ou partielle, le pacte serait impuissant à le dissoudre. *Sed non poterimus eadem ratione uti post pretium solutum emptione repetita , cum post pretium solutum infectam emptionem facere non possumus* (L. 2., D., liv. 18-5.). Ce pacte produira une simple obligation naturelle concomitante à l'obligation civile du contrat, mais sans aucun effet pour la novation.

X. On distinguait encore les pactes *re perfecta*, et on appelait ainsi ceux qui avaient été exécutés par l'une des parties sous la foi promise. D'après le principe que nul ne doit s'enrichir aux dépens d'autrui, les jurisprudents voyaient dans cette exécution une cause d'obligation pour le contractant qui n'avait pas accompli son engagement, et qui était tenu, ou de faire ce qu'il avait promis, ou d'indemniser l'autre partie. Et celle-ci avait, pour arriver à ce résultat, une action reconnue par la loi.

Or, cette obligation naissant *ex post facto* pouvait nover une obligation civile, et on employait souvent son effet extinctif pour valider la transaction résultant d'un pacte. Ainsi, vous m'avez promis par sti-

pulation un certain esclave ; des difficultés s'étant
élevées sur l'exécution de votre engagement nous
transigeons pour y mettre fin, et nous convenons,
au moyen d'un simple pacte, que vous me donne-
rez à sa place le fonds Cornélien. Si l'un ou l'autre
de nous accomplit de sa part la convention, elle se
valide civilement, et votre obligation de livrer l'esclave disparaît.

XI. En était-il ainsi des pactes prétoriens ? On
comprenait sous ce titre les conventions auxquelles
la jurisprudence du Préteur avait fini par attribuer
à peu près les mêmes effets qu'aux contrats du
droit civil. Tels étaient notamment le pacte de constitut et le serment.

XII. Le constitut avait lieu quand un débiteur
promettait à son créancier, sans stipulation mais
par un pacte, de payer certaine dette préexistante.
Cette nouvelle promesse présentait au débiteur l'a-
vantage d'obtenir une prorogation de délai de dix
jours pour s'acquitter et elle donnait au créancier
une action quelque fois plus favorable que celle du
contrat primitif.

Mais la question est de savoir si le constitut
éteignait entièrement la première dette.

· En principe, le pacte dont il s'agit ne produisait
d'autre résultat que d'adjoindre une obligation à
l'ancienne créance : cette créance était modifiée,
mais elle ne s'éteignait pas. — Les textes sont for-

mels sur ce point. — D'abord la loi 18 § 3, D.
liv. 13-5 enseigne que le paiement futur éteindra à
la fois les deux dettes, *solutio ad utram que obligationem proficit*, d'où la conséquence que la première n'a
pas été transformée et subsiste. Et puis on lit positivement dans les lois 28 h. t, et 15 D. liv. 15-3, que
le pacte de constitut conserve la première obligation.
*Ubi quis pro alio constituit se soluturum*, adhuc is
*pro quo constituit obligatus manet* (*Junge*, loi 3,
§ 1, D. liv. 13-5).

Cependant, si les parties ont exprimé leur intention d'anéantir la première promesse, je crois que
la novation se produira. La raison de douter vient
de ce que l'obligation civile ne peut s'éteindre en
règle générale que par un mode du droit civil, et que
le pacte prétorien de constitut, tout assimilé qu'il
soit aux contrats de la loi, n'a précisément pas
leur effet extinctif. Mulhenbruck admet l'affirmative sans la controverser, mais son opinion n'a pas
un bien grand poids ici, puisqu'il admet comme
novation une simple modification à l'engagement.

Le motif qui me décide, c'est qu'au sujet du
*pactum jurejurandi*, pacte prétorien analogue au
constitut, la loi 26, § 2, D. liv 12-2 porte positivement qu'il peut servir à nover : *Jurejurandi conditio esse potest novandi, delegandi ve, quia proficiscitur
ex conventione*. Or, ces conventions ont une origine
commune et le droit honoraire qui les a introduites
toutes deux dans la législation a dû leur attribuer
les mêmes prérogatives. Seulement, le serment

nove de plein droit, tandis que le constitut n'éteint l'obligation qu'au moyen d'une expression formelle de la volonté des parties.

Telle est aussi l'opinion de M. Molitor.

XIII. Les pactes légitimes étaient ceux que les constitutions impériales avaient rendus obligatoires par le seul consentement des parties. On ne les rangeait pas au nombre des contrats pour ne pas déroger à la classification civile de ceux-ci, mais ils n'en différaient en aucune façon. Les pactes légitimes les plus connus sont la promesse de donation et la constitution de dot.

Il n'est pas douteux qu'ils puissent servir à une novation tout comme une stipulation ou un contrat littéral, si par exemple celui qui devait à Titia 10,000 sesterces s'engageait, par simple pacte, *et nomine dotis*, à lui donner en leur place l'esclave Stichus. Cet effet extinctif est signalé par Paul à la loi 6, D. 2-14, en ces termes : *Legitima conventio est quæ lege aliquâ confirmatur ; et ideo interdum ex pacto actio nascitur vel tollitur, quotiens lege vel senatusconsulto adjuvatur.*

XIV. La dernière classe des pactes, mais aussi la plus nombreuse, comprenait toutes les conventions qui ne rentraient dans aucune des catégories ci-dessus. Ces engagements étaient dépourvus d'action et les interprètes les ont, à cause de cela, désignés sous le terme générique de pactes *nus*.

Aucune partie ne pouvait forcer l'autre à l'exécution de l'obligation qui résultait d'un pacte de cette nature, mais il ne s'en suit pas qu'il n'en découlait aucune possibilité d'exécution civile.

En effet, quand la jurisprudence commença à porter la main sur l'ancien édifice de la loi des Douze-Tables et entreprit la démolition successive de son formalisme rigoureux, le Préteur entrevit dans les conventions humaines autre chose que la sécheresse d'un lien civil, et s'élevant à un point de vue philosophique qui avait effrayé les premiers législateurs de Rome, il voulut replacer l'équité à côté du droit. De ce laborieux travail on vit se dégager nettement l'idée du devoir, et la bonne foi commença à compter pour quelque chose dans les conventions. Sans doute, celui qui avait contracté par un pacte nu n'était point engagé aux yeux de la loi civile, mais devait-il pouvoir se jouer impunément de la foi promise ? Il était consciencieusement obligé à tenir sa promesse et le Préteur lui refusa le secours de sa justice quand il avait l'impudence de réclamer contre l'exécution volontaire de son engagement.

Telle est, en droit romain, la notion de l'obligation naturelle ; les sources en sont diverses, mais le principe est le même pour toutes, et c'est avec raison qu'on les a définies : *Obligatio naturalis est vinculum juris quo æquitate adstringimur alicujus solvendæ rei.*

XV. Le droit français présente sur ce point une différence fondamentale avec les lois romaines. Chez nous, il n'y a plus de ces formes strictes imposées aux conventions et en dehors desquelles il ne naissait aucun engagement, quelle que fût la volonté des contractants. L'élément moral des conventions a repris son empire et s'est isolé des symboles matériels qui le comprimaient. C'est le consentement seul qui fait le contrat et toute convention s'exécute de bonne foi (art. 1134-1135 C. N.).

On voit clairement, dès lors, que tous les engagements classés par le droit romain sous le titre d'obligations naturelles auront chez nous une efficacité civile pleine et entière, et que, du moment qu'une convention sera valable en équité, elle sera obligatoire en droit. Il y a là, qu'on veuille bien y faire attention, une ligne de démarcation profonde entre les deux législations, et nous aurons à revenir sur ce point dans la seconde partie de cette étude, pour démontrer l'erreur où ont été entraînés plusieurs jurisconsultes modernes en voulant appliquer à un ordre de choses différent les règles d'une législation passée.

XVI. Les pactes nus, ne produisant qu'une obligation naturelle, ne peuvent par conséquent servir à nover une obligation civile. On lit bien, il est vrai, dans la loi 1 du titre *de novationibus* du *Digeste*, que : *novatio est prioris debiti in aliam obligationem vel civilem* VEL NATURALEM *translatio*, en sorte qu'on pourrait conclure que l'existence d'une simple obligation naturelle suffit pour servir à nover une obligation civile ; mais il ne faut pas séparer cette décision du principe que cette substitution n'est possible que quand l'obligation civile est éteinte, et dans l'hypothèse actuelle le pacte nu ne peut produire cette dissolution.

XVII. Il y a à cette règle deux exceptions.

D'abord, les actions et les obligations qui résultent du vol et de l'injure sont très régulièrement éteintes par un simple pacte. (Lois 17, § 1 et 27, § 2, D. liv. 2-14).

Cet effet singulier, dont les traces se retrouvent dans la loi des Douze-Tables, vient de ce que le mode le plus naturel d'éteindre ces actions consiste dans la dissimulation ou le pardon, et que rien ne caractérise mieux ce pardon que la volonté consignée dans un pacte. Cette disposition a pour but, d'ailleurs, d'empêcher que la partie lésée revienne sur le pardon qu'elle avait accordé.

Le pacte nu novera donc les obligations civiles de vol et d'injure.

XVIII. La seconde exception s'entend avec la plus grande facilité. Quand la première obligation est elle-même naturelle, c'est à un lien d'équité qu'elle doit l'existence. Or, si ce lien disparaît au moyen d'un nouveau pacte, l'engagement se dissoudra et sera remplacé par une obligation de même nature. *Naturalis obligatio justo pacto ipso jure tollitur, quod vinculum æquitatis, quo solo sustinebatur, convertionis æquitate dissolvitur.* (L. 95, §4, D. 46-3.)

XIX. Pour résumer en deux mots les développements qui précèdent, nous dirons que le contrat verbal était le mode le plus généralement usité pour nover les obligations civiles. Les pactes produisaient aussi ce résultat, mais avec quelques distinctions. Les pactes joints *ex continenti* aux contrats de droit strict ou de bonne foi faisaient partie de ces contrats et s'assimilaient entièrement leurs prérogatives, tandis que les pactes adjoints *post intervallum* ne jouissaient pas de ces avantages.

Les pactes légitimes et prétoriens avaient aussi un effet extinctif suffisant pour causer la novation.

Quant aux pactes nus, ils n'éteignaient que les obligations civiles d'injure et de vol, mais ils servaient très bien à nover toutes les obligations naturelles.

# CHAPITRE III.

## DE LA CAPACITÉ DE NOVER.

XX. La règle en cette matière découle naturellement de la nature de la novation. Puisque c'est l'un des dérivés du paiement, ce mode originaire et général d'extinction des obligations, il en résulte que celui-là est capable de nover qui peut valablement recevoir un paiement. *Cui recte solvitur is etiam novare potest* ( Paul, L. 10, D. 46-2.).

Ce principe n'est pas mis en relief dans les textes souvent opposés du Digeste sur ce point ( L. 25 , h. t., L. 27, liv. 2-14); mais il a été avec raison érigé en règle générale par Pothier, dont l'esprit lumineux excellait surtout dans les divisions ( Sur les Pandectes , *de nov.*, 9.).

Toutefois, il ne faut pas prendre cette idée sans précautions, car quelque grande que soit l'analogie existant entre la novation et la *solutio*, chacune de ces opérations a une physionomie particulière et produit des effets assez différents. Ainsi, tandis que le paiement anéantit entièrement la dette, la novation ne fait que la transformer et la remplacer par un autre engagement dont les suites peuvent devenir fort graves pour le débiteur.

C'est pour cela précisément que le législateur a entouré la novation de quelques règles spéciales qui n'existent pas dans la matière du paiement et dont le jeu ne manque pas d'intérêt.

On en pourra remarquer les principales applications dans les cas qui vont suivre.

Mais d'abord, il faut bien observer le double aspect que présente la novation, car la question de capacité se déplace à chaque instant selon qu'on se porte à l'un ou à l'autre point de vue. En effet, il y a toujours deux parties en cause : l'une pour recevoir le paiement imaginaire, l'autre pour le faire. Or, ces deux opérations sont loin de présenter la même importance civile; et telle personne sera incapable de la seconde qui pourra très bien , au contraire , accomplir la première.

XXI. La différence que je signale va ressortir de l'examen de la capacité du pupille.

Cette expression de pupille correspond à peu près à ce que , en droit français, on nomme le mineur. Comme celui-ci , le pupille romain était pourvu d'un tuteur chargé de l'administration de ses biens ; mais les deux institutions diffèrent surtout en ce que le pupille *ne dormait pas durant la tutelle*, comme le mineur français. A l'exception des actes de pure gestion, c'était lui qui devait agir, parce qu'il répugnait aux principes d'une logique peut-être un peu exagérée qu'une personne puisse recueillir le bénéfice d'une action à laquelle elle était demeurée étrangère.

Dans les contrats solennels surtout , comme la stipulation , cette règle était inébranlable , et voilà pourquoi ces questions de capacité du pupille, assez restreintes chez nous , tenaient au contraire une si grande place dans la législation de Rome.

Le pupille devait donc agir lui-même , *ex personâ suâ* , mais comme l'accomplissement régulier des actes solennels exigeait la puberté chez le citoyen romain , on s'était imaginé de dire que le tuteur, en s'adjoignant au pupille, lui conférait une sorte de puberté civile suffisante pour contracter. On appelait cette adjonction de personne *auctoritas* , et je m'explique ainsi pourquoi cette *auctoritas* ne résultait jamais que de la présence même du tuteur à l'acte.

Ainsi muni de l'*auctoritas* du tuteur, le pupille pouvait jouer un rôle dans la stipulation. Sa capacité était complète pour s'obliger comme pour obliger les autres envers lui, et il pouvait, dès-lors, faire une novation comme s'il eût atteint sa majorité.

Mais lorsque l'*auctoritas* de son tuteur lui manquait, on ne rencontrait plus les garanties d'une volonté indépendante et libre ; la condition de puberté faisait défaut, et la loi avait borné sa capacité aux opérations dont il pouvait retirer avantage. Il n'y avait rien là que de très concordant avec l'esprit de ces lois si éminemment protectrices de l'incapacité. Or, dans le contrat verbal qui sert à la novation, le rôle du stipulant est dangereux, car il en découle une extinction actuelle de créance et sa transformation en un droit qui peut être moins avantageux. Permettre au pupille de stipuler dans cette hypothèse serait l'exposer à perdre, et la loi 20, § 1, au *Digeste*, liv. 46-2, le lui interdit formellement. *Pupillus sine tutoris auctoritate novare non potest.* Un motif analogue lui refuse le pouvoir d'accepter un paiement, et la loi 15, D. 46-3, qui l'établit, en donne ainsi la raison : *Quia alienare ullam rem potest.*

Mais si le pupille change de position dans le contrat, si, au lieu d'être le créancier stipulant, il est le débiteur promettant, la novation ne peut avoir pour lui qu'un résultat très profitable. En effet, le créancier qui veut bien contracter dans ces conditions ne peut pas lui opposer son incapacité ; dès lors, l'extinction de la dette civile du pupille s'effectuera régulièrement. Cette créance sera remplacée sans doute par un second engagement, mais comme le pupille n'est pas capable à l'effet de promettre, il n'en résultera contre lui qu'une simple obligation naturelle dont les conséquences sont beaucoup moins rigoureuses que celles de la première dette. Somme toute, l'opération lui a été utile et la loi la valide ( L. 1, D. liv. 46-2.).

XXII. A cette question se rattache le point de savoir si l'engagement du pupille non assisté de son tuteur produit dans tous les cas une obligation naturelle ; car il n'y aurait pas de novation possible si l'obligation naturelle faisait défaut, puisque la cause de l'extinction de la première promesse n'existerait pas et qu'il n'y a pas de convention sans cause.

Cette grave question se lie si intimement à la matière dont je m'occupe qu'on me pardonnera de m'y arrêter un instant.

Par suite du génie particulier de la législation romaine qui rendait l'exercice de la capacité entièrement personnel, la pupillarité était une position mal définie. Elle commençait à sa naissance et se terminait à douze ou quatorze ans, selon le sexe. Durant cette période, l'intelligence se développait par gradations imperceptibles avec une précocité

différente selon les individus. Cependant l'état civil
de l'impubère était le même à tous les instants, et,
aussi bien à six mois qu'à dix ans, c'était lui que
le droit strict reconnaissait comme principal acteur
dans les contrats solennels.

Mais en voulant suivre jusque dans leurs déductions les plus éloignées, les conséquences d'un principe, on arrive quelquefois à l'absurde; et l'effort
de la science des légistes de Rome était venu se briser ici contre une impossibilité. Car, comment con-
cevoir qu'un enfant qui vient de naître et qui ne sait
encore articuler des sons puisse interroger ou répon-
dre dans la stipulation ? Dans l'origine on avait bien
essayé, tant on tenait aux principes, de remplacer
la parole par des gestes que l'on imposait à l'enfant,
comme, par exemple, quand on lui faisait briser
un objet fragile en signe d'acceptation d'une héré-
dité ; mais ces symboles s'éloignaient trop de la vérité pour être du goût des Prudents, et il leur fallut
reconnaître que le pupille ne pouvait agir lui-même,
dans le contrat verbal , que quand il savait parler.
Telle fut l'acceptation dans laquelle on prit d'abord
le mot *infantia*, si souvent répété dans les textes.

Mais la parole n'est que le véhicule de la pensée,
et quand cette pensée n'existe pas ou n'est qu'irré-
fléchie, la parole n'est plus qu'un vain son. On étendit alors la signification primitive du mot *infans*
jusqu'à l'époque, peu précisée d'ailleurs, où le pupille avait l'intelligence de ses paroles et de ses
actes, et pendant ce temps on lui refusa la capa-

cité de contracter, soit seul, soit avec *l'auctoritas* de son tuteur. Les engagements qu'il prenait ne faisaient naître contre lui aucune obligation même naturelle; c'est là un point hors de doute, et des commentateurs ont voulu appliquer à cette hypothèse les textes du *Corpus Juris* dans lesquels on déclare que le pupille engagé sans *l'auctoritas* de son tuteur n'est pas naturellement obligé ( L. 41, D. liv 12-6; L. 59, D. 44-7.).

Il me semble, au reste, qu'il devait être très difficile de déterminer le moment où finissait l'*infantia* du pupille, et où son état se transformait en cette position que l'on appelait *proxima pubertatis*, à laquelle correspondait une augmentation de capacité. D'un autre côté, ce n'était pas seulement par l'examen de l'intelligence de l'enfant qu'on se décidait ici; on envisageait encore la nature de l'acte dont la validité était mise en doute, parce que l'*animi judicium* variait suivant les difficultés du contrat et les dangers qu'il présentait. Il pouvait donc naître à chaque instant des questions de fait d'une solution très embarrassante, et l'on ne doit pas s'étonner si les textes traduisent les hésitations des jurisconsultes romains.

Quand le pupille avait atteint l'âge de raison nécessaire pour apprécier la gravité de ses engagements, il s'obligeait valablement sans l'assistance de son tuteur, aussi bien dans les contrats de droit strict que dans les autres. Toutefois, comme il n'était pas encore pubère, l'obligation qui résultait

de sa stipulation n'était pas civilement complète, et
elle n'entrainait pas contre lui d'exécution civile;
c'est alors qu'on le disait naturellement obligé
(Loi 127, D. 45-1 ; 1 § 1, D. 46-2; L. 25, D. 46-1;
L. 95, § 4, D. 46-3 ; L. 25, § 1, D. 36-2.).

Les constitutions impériales firent encore faire
un pas de plus à cette théorie. Lorsque le pupille,
à la suite d'une convention dans laquelle il n'avait
pas été assisté de son tuteur, avait recueilli un bénéfice, on le considéra comme obligé *ex re*, c'est-
à-dire moins en vertu d'une convention que par
suite d'une opération *quasi ex contractu* dont il
devait accepter les résultats, puisqu'il en avait pro-
fité (Arg. L. 46, D. 44-7.). Alors on donnait
contre lui une action civile jusqu'à concurrence de
ce dont il s'était enrichi, *in id quod locupletior factus erat.* ( L. 5, § 1, D. 26-8; L. 3, §4, D. 3-5.).

On a conclu de là que l'obligation du pupille
était civile dans cette hypothèse, puisqu'on donnait
pour elle une action refusée à l'obligation naturelle.

Cette conséquence n'a pas été acceptée par tout le
monde, et on a enseigné (M. Ducaurroy, Inst.
liv. 3, n.° 1107, note 1.) que les dispositions des lois
précédentes constituaient précisément une exception
au principe que l'obligation naturelle ne produit
pas d'action civile. Il faut convenir que les termes
des deux fragments que j'ai rapportés plus haut ne
sont pas très explicites : après avoir dit que le pupille est naturellement obligé, ils ajoutent qu'alors
on donne néanmoins une action civile : *naturaliter*

3

*obligatur, verum actionem in quantum locupletior factus est dandam.* Cette ambiguité de rédaction ne suffit pas pour me faire admettre, sans autre raison, une aussi exhorbitante dérogation aux effets de l'obligation naturelle dont le caractère principal est la privation d'une action civile ; j'aime mieux croire que la concession même de l'action transforme l'engagement du pupille en obligation civile.

XXIII. Examinons maintenant quelle est la position du tuteur qui veut faire une novation pour le pupille. Il faut entrer ici dans un ordre d'idées particulier. Le tuteur est constitué par la loi le gérant d'affaires du pupille à l'égard des actes d'administration. S'il est vrai qu'il ne puisse en général représenter ce dernier dans une stipulation quand il s'agit de l'acquisition d'un droit personnel, il n'en est plus ainsi quand ce tuteur agit dans l'intérêt de sa propre responsabilité. Or, il n'est pas douteux que la novation ne soit le plus souvent un acte d'administration dont le tuteur est chargé en qualité de mandataire, de même qu'il peut recevoir un paiement pour son pupille ou poursuivre ses débiteurs.

Le tuteur sera donc habile à stipuler la novation et à poursuivre le promettant pour le forcer à accomplir son engagement ou le faire condamner *in id quod interest* (L. 38, § 20, D. 45-1.). Le pupille pourra lui-même agir contre le débiteur en vertu d'une action utile. (L. 2 au Code, *quando ex facto* 5-39.). Mais dans tous ces cas la novation n'est valable que si elle est avantageuse au pupille. Si elle lui préjudicie, c'est qu'il y a eu abandon gratuit au profit du créancier d'un droit quelconque, et donner, ce n'est pas administrer. Paul résume ces principes en disant : *Tutor ad utilitatem pupilli novare potest ; donationes autem ab eo factæ pupillo non nocent* (L. 22, D. 26-7 ; *Vide* L. 20, D. 46-2.).

XXIV. Entre la pupillarité qui finissait à douze ans pour les filles et à quatorze ans pour les garçons, et la majorité qui ne commençait qu'à vingt-cinq ans, se plaçait la minorité. Cet état intermédiaire participait à la fois des incapacités de la première période et de la capacité de la seconde. Il était inconnu autrefois, et le pubère, quel que fût son âge, avait l'habileté nécessaire pour tous les actes de la vie civile. C'était une exagération évidente que les jurisprudents corrigèrent, d'abord en imposant la curatelle aux mineurs dans certains cas spéciaux, comme pour recevoir un paiement, puis en étendant si bien l'institution qu'au temps d'Ulpien il semble qu'elle était devenue générale ( L. 1, § 3, D. 4-4.).

Le curateur n'était qu'un surveillant, et il n'agissait jamais comme le tuteur par adjonction à la personne du pupille ; toutefois il avait, comme lui, le droit de faire les actes d'administration, et, en cette qualité, il pouvait nover au nom du mineur si l'opération ne nuisait point à celui-ci. Les consé-

quences de sa stipulation étaient soumises aux mêmes règles que celles de la novation du tuteur.

XXV. Quant au mineur lui-même, il se trouvait
bien, en thèse générale, entièrement capable de figurer seul dans le contrat verbal puisqu'il était pubère, mais la nécessité du consentement de son
curateur lui était imposée par un motif de protection contre le peu de maturité de son jugement.

L'utilité de l'intercession du curateur reposait
donc sur d'autres raisons que celle de l'autorisation
du tuteur ; mais si le principe différait, les suites
étaient les mêmes, et le mineur ne pouvait, sans
son curateur, consentir une novation valable.

XXVI. Les prodigues et les fous recevaient aussi
des curateurs. Ceux-ci avaient, comme administra-
teurs, le droit de faire une novation utile aux intérêts des personnes confiées à leurs soins ( L. 34, § 1,
D. 46-2.)

Le prodigue était entièrement assimilé au pupille; il pouvait, dans la stipulation, jouer le rôle
du *reus stipulandi*, parce que sa condition ne devait que s'améliorer, mais il lui était défendu de
s'engager sans le consentement de son curateur
( L. 9, § 7, D. 12-1 ; L. 6, D. 45-1.). Avec ce consentement il recouvrait sa capacité contractuelle la
plus entière.

Les fous étaient absolument inhabiles à s'engager,
*furiosus negotium gerere nullum potest quia non in-*

*telligit quod agit* (Institutes, liv. 3, tit. 19, § 8.)
Dès-lors, ils auraient en vain cherché à faire une
novation.

XXVII. La division de notre travail nous amène
à rechercher quelle était la capacité des femmes en
matière de novation. On se rencontre sur ce point
avec des principes complètement opposés à nos
idées modernes. Dans la société romaine, la femme
a longtemps été placée dans un état d'infériorité et
presque d'abaissement. N'ayant aucune participa-
tion à la puissance publique où tout venait conver-
ger avec une si grande énergie, on ne soupçonnait
pas qu'elle eût besoin d'aucune puissance privée, et le législateur avait saisi, comme à plaisir,
toutes les occasions de l'enfermer dans un cercle
d'incapacités souvent injurieuses.

Elle n'avait pas de pouvoir sur ses enfants; car
qu'en eût-elle fait, puisqu'elle ne votait pas aux comi-
ces. Tous ses parents pouvaient lui succéder; mais à
quoi bon l'appeler elle-même à leurs hérédités?
n'était-il pas inutile qu'elle s'enrichît? Si elle tenait
quelque fortune de la générosité des siens on l'empêchait d'en disposer, et on la plaçait, pour toute
sa vie, sous l'inquisitoriale protection d'un tuteur,
son héritier présomptif, que la loi armait à son
égard d'un pouvoir presque souverain.

Dans cette dure période, la femme ne pouvait
s'obliger en aucune façon sans l'*auctoritas* de son
tuteur, et, pour la novation aussi bien que pour un

autre contrat, il fallait qu'elle en fût assistée. Elle agissait cependant elle-même quand elle jouait dans la stipulation le rôle du *reus stipulandi*, et se dispensait de l'autorisation de son tuteur parce qu'elle ne s'exposait à aucun danger.

Cette humiliante condition des femmes subsista pendant bien des siècles. Au commencement de l'ère impériale, on se mit à attribuer, à titre de privilège de fécondité, aux mères de famille, la libération d'une tutelle qui était devenue odieuse. Puis cette curieuse institution tomba peu à peu dans l'oubli, et il n'y eut plus de différence entre les deux sexes.

XXVIII. Le mariage apportait, dans tous les cas, de graves modifications à la position des femmes.

A l'époque très reculée où les justes noces conféraient à l'époux le pouvoir absolu de la *manus*, la femme devenait corps et biens la propriété de son mari, et toutes les actions provenant du chef de sa femme étaient exercées par lui comme un corollaire de son droit de propriété.

Mais quand la *manus* fut remplacée par la constitution de dot, la femme resta libre et put posséder des biens. Son patrimoine se composait alors de deux parties : la dot, dont le *dominium* allait au mari et sur laquelle celui-ci pouvait faire toutes les opérations d'un véritable propriétaire, sans que la femme fût, en principe, reçue à s'y opposer ; les paraphernaux, comprenant tout ce qui ne faisait pas partie de la dot et que la femme pouvait

administrer à l'exclusion de son mari (L. 8, Code,
Pact. conv.). Le mari novait donc régulièrement les
choses dotales, et la femme ses biens paraphernaux.

XXIX. Devenu majeur, le citoyen romain se-
couait le joug de la curatelle et acquérait une capacité complète pour tous les contrats. Sa condition
civile, désormais parfaite, sommeillait néanmoins
dans la plupart des cas, tant qu'il était soumis à la
puissance paternelle, parce que dans la rigueur du
droit, il ne pouvait rien posséder qui ne tombât immédiatement comme lui dans le patrimoine de son
père.

Il ne lui était donc pas possible de figurer *suo
nomine* dans le contrat verbal pour l'acquisition
d'un droit à lui personnel. Les résultats de la stipulation qu'il faisait pour son père différaient même
selon qu'on examinait l'un ou l'autre des aspects du
contrat. S'il stipulait pour acquérir, il n'avait pas
besoin du consentement préalable de son père ni de
sa ratification postérieure, et le bénéfice de l'opération était acquis à celui-ci, *invito et ignoranti*
(L. 45, Pr. et § 4, D. 45-1 ; L. 62, h. t.). S'il stipulait au contraire pour promettre, ou s'il devait
résulter du contrat la déchéance d'un droit quelconque appartenant au père, il devait se munir d'un
ordre exprès. Or, il faut remarquer que la   tion,
quelque position que prenne le fils de famille, *reus
stipulandi vel promittendi*, entraînera toujours l'extinction d'une créance, et ce motif suffit pour exi-

ger le consentement du propriétaire. Aussi la loi 23, D. 46-2 pose-t-elle en principe que : *Filius patris actionem ignorante eo novare non potest.*

XXX. Mais ces règles furent modifiées par l'introduction des pécules : on sait qu'on appelait ainsi quelques biens dont la disposition plus ou moins étendue avait été laissée aux fils de famille.

A l'égard des pécules *castrans* et *quasi-castrans*, leur droit de propriété ne recevait pas de limite, et ils recouvraient, pour en faire l'objet d'une novation, toute leur capacité contractuelle.

Certaines valeurs, et notamment les biens provenant au fils de la ligne maternelle, composaient un pécule particulier appelé *adventice*, dont l'usufruit avait été attribué au père. La loi interdisait au fils d'une manière absolue d'aliéner sa nue propriété, et comme la novation, encore bien qu'elle ne soit souvent qu'un acte de gestion, emporte néanmoins l'aliénation d'un droit de créance, il s'ensuit que cette opération ne devait être valable que si le fils obtenait l'assentiment et le concours de l'usufruitier, son père.

Une dernière classe de biens avait enfin reçu le nom de pécule profectice ou biens provenant du père *(qui a patre proficiscuntur)*. Ce pécule, le plus ancien de tous, comprenait les valeurs dont le père de famille abandonnait la direction à son fils ou à son esclave en s'en réservant la propriété.

Cette administration avait ses degrés. Dans certains cas, il n'est pas douteux qu'elle n'emportât le
droit même d'aliéner, comme si par exemple le père
mettait son fils à la tête d'un commerce, et alors
le fils pouvait nover les objets compris dans son
pécule.

Mais dans les cas ordinaires, le point de savoir
jusqu'où s'étendait la gestion accordée au fils était
une question d'appréciation, ( L. 1 § 1, D.
liv. 20-3 ; L. 7 § 1, D. 15-1 ). Quand le fils avait
reçu un droit complet d'administrer, ce qu'on
appelait *libera peculii administratio*, il pouvait disposer du pécule comme le propriétaire lui-même,
sauf cependant que les aliénations gratuites lui
étaient défendues. Il était donc capable de nover
toutes les fois que cet acte ne dissimulait point une
libéralité, ( L. 34, D. 46-2 ; L. 28 § 2, D. 2-14 ;
L. 1 § 1, D. 20-3.).

Si l'on examine maintenant la capacité du fils de
famille en dehors de ses rapports avec le patrimoine
de son père, on retombera dans l'application pure
et simple des principes généraux. Comme personne
civile complète, le fils peut *s'obliger* privativement
dans le contrat verbal. Sans doute ses promesses
présenteront peu de garanties puisque, sauf quelques exceptions, il ne peut posséder aucun bien,
mais cette circonstance de fait est indifférente à la
validité légale du *vinculum juris*. Il sera civilement
obligé et son créancier le poursuivra par les voies
rigoureuses de la contrainte par corps, *manus*

*injectione*, jusqu'à son entière libération. Conséquemment, il sera capable de nover seul les engagements de cette nature.

XXXI. Les esclaves avaient à peu près, en matière d'obligations, la même capacité que les fils de famille. Comme eux, ils ne pouvaient acquérir que pour leurs maîtres ni les exposer, par novation ou autrement, sans leur ordre exprès à la perte d'un droit personnel. Comme eux aussi ils recevaient parfois un pécule *profectice* dont la novation leur était permise dans les mêmes circonstances ( L. 16, 34, D. 46-2; L. 20, D. 12-2.).

Mais ce qui les distinguait profondément, c'est que n'ayant par eux-mêmes aucune personnalité juridique, il leur était impossible de s'engager *civilement* par aucun contrat. Cette impossibilité était surtout radicale pour la stipulation. Afin de paraître dans la solennité de cet acte, ils devaient emprunter, pour ainsi dire, le masque de leur maître ; ce masque tombant, le contrat n'avait été qu'une apparence sans réalité (Gaïus III, § 176.). Il suit de là qu'ils n'avaient jamais, comme les fils de famille, d'obligations *civiles* à nover, et que leur promesse par stipulation étant absolument nulle servait en vain de second terme à la novation.

Les jurisprudents avaient apporté, il est vrai, à la condition des esclaves certains tempéraments d'équité, et l'on admettait qu'ils auraient des créances naturelles quand l'acquisition en serait

impossible à leur maître, comme dans les espèces
prévues par les lois 64, D. 12-6; 49 § 2, D. 15-1,
et que par contre ils seraient obligés naturellement
lorsqu'ils auraient contracté en leur propre nom
(L. 14, D. 44-7.). On comprend que la novation de
ces engagements naturels leur était alors parfaitement possible.

XXXII. Le créancier d'une obligation pouvait
être représenté pour l'exercice de la novation par
un mandataire, car un mandataire peut recevoir
un paiement *et cui recte solvitur is etiam novare
potest.* Cependant le caractère anormal de la novation avait amené des distinctions très rationnelles
parmi les diverses espèces de mandats.

On distinguait, en droit romain comme chez
nous, le mandat général et le mandat spécial.

Le premier ne comprenait ordinairement que les
actes d'administration, et celui qui en était chargé
ne pouvait consentir aucune aliénation sans l'autorisation du mandant. — Cette défense résulte de la
loi, 63, D. titre 3-3. Les aliénations ne devenaient
permises que si le mandat général avait été conféré
*cum libera administratione. Procurator cui genera-
liter libera administratio rerum commissa est potest
aliud pro alio permutare* (L. 58 D. h. t.). Or, il est
certain que le *procurator cum liberd* peut nover :
nous avons rencontré ce principe formellement écrit
dans les lois qui régissent la capacité des fils de
familles et des esclaves en matière d'administra-

tion des pécules *profectices*, et le texte de la loi 58 confirme entièrement cette doctrine.

XXXIII. Mais la question serait peut-être un peu douteuse pour le mandataire général *sine liberâ*. D'une part, en effet, la loi ne parle du droit de nover les pécules que quand il s'agit d'une gestion *cum liberâ*, d'où l'on pourrait conclure que le simple mandat général est insuffisant : *qui de uno dicit de altero negat*. D'autre part, la combinaison des lois 57 et 63 h. t. manifeste positivement l'idée que le *procurator omnium bonorum* ne peut aliéner.

D'abord, je ne crois pas que l'on puisse tirer un argument bien solide de la matière des pécules. Il n'y a pas d'analogie suffisante entre les deux cas, car si l'administration des pécules est soumise à une sévérité aussi rigoureuse, c'est parce que les principes du mandat y sont dominés par cette autre considération que la position des maîtres ne doit être compromise par leurs fils ou leurs esclaves qu'avec la plus grande réserve. Rien de semblable n'existe dans les relations du mandataire et du mandant.

Quant aux lois 57 et 63, on peut les concilier facilement en disant que la novation n'est pas un acte d'aliénation proprement dit, mais participe à certains égards de la nature des actes de pure administration. C'est pour cela que j'admets avec la loi 20, D. 46-2, que le *procurator omnium bonorum* peut nover.

XXXIV. Le mandat spécial est donné pour une

affaire déterminée. S'il a été conféré *novandi causâ*, il est évident que le mandataire peut nover, mais *quid* si le mandat est spécial pour recevoir le paiement ? La novation ne sera pas possible et Donneau nous en donne un motif : « N'opposez pas, dit-il, » que la novation est un paiement qu'un tiers peut » recevoir pour le créancier, car celui qui accepte » un paiement reçoit de l'argent qu'il remettra au » créancier, tandis que le novant ne reçoit qu'une » obligation dont le transport sur la tête d'un tiers » est impossible. » Il faut ajouter à cela que la novation est un acte beaucoup plus grave que le paiement ; celui-ci est l'accomplissement direct de l'obligation, l'autre est un moyen détourné qui n'entre pas dans la prévision ordinaire des contractants et à l'ombre duquel on peut craindre de voir sa position déchoir.

D'après ces principes, la loi 10 D. 46-2, prohibe la novation à l'*adjectus solutionis gratiâ* qui n'est qu'un mandataire spécial à l'effet de recevoir le paiement. Et les lois 4, au Code 8-42, 16 et 25, D. 45-2, étendent la même décision à d'autres hypothèses semblables.

XXXV. Le *procurator in rem suam* est un mandataire d'un genre particulier auquel il est permis de nover ; mais c'est moins en vertu des règles du mandat que par suite du génie de la procédure romaine au temps des Préteurs. Quand un créancier voulait céder son obligation à un tiers, il lui donnait mandat de poursuivre le débiteur en justice, et, par l'effet de la *litis contestatio*, le débiteur se trouvait condamné à payer au mandataire, personnellement, ce qu'il devait au mandant. Il devenait donc le propriétaire apparent de la dette et pouvait la nover.

XXXVI. Il me reste, pour finir, à voir quelle est la capacité des créanciers et des débiteurs solidaires, en matière de novation.

Ce n'est pas uniquement par l'existence d'un mandat qu'on peut expliquer les effets de la *corréalité* romaine. Chaque créancier a le droit d'exiger du débiteur la totalité de la dette; mais il n'en est point, comme en droit français, comptable envers les autres. Cela vient de ce qu'au regard du débiteur la créance appartient en totalité à chaque créancier, en sorte qu'en la recevant tout entière il n'a rien que ce qui lui est dû. *Càm duo eamdem pecuniam aut promiserint aut stipulati sunt*, dit Javolenus, *ipso jure et singuli in solidum debentur et singuli debent : idco que petitione, acceptilatione unius, tota solvitur obligatio.* ( D. liv. 45-2. )

Cette idée que chaque créancier solidaire a sur toute l'obligation un droit privatif indépendant de celui des autres, et dont l'exercice seul est soumis à la condition de l'existence de l'obligation au moment de la poursuite, est démontrée jusqu'à l'évidence par la loi 62, D. 35-2.

Un créancier solidaire nove par conséquent la to-

talité de la dette sans que son co-créancier puisse
exercer aucun recours contre lui ou contre le débiteur, car il a stipulé pour lui seul et non pas pour ses
co-créanciers (L. 31, D. 46-2 ; L. 13 § 12, D. 46-4.).

XXXVII. Mais quand les créanciers solidaires
sont en outre associés, ils sont constitués les man-
dataires spéciaux les uns des autres pour recevoir
le paiement, et, en cette qualité, la novation n'est
permise à chacun que dans les limites de sa part
dans l'obligation. C'est avec cette idée de société que
l'on parvient à expliquer la décision de la loi 27, D.
2-14, d'après laquelle le pacte fait par l'un des
deux banquiers associés au profit du débiteur commun ne nuit pas aux droits du second. Pothier, qui
paraît ne point avoir saisi la différence que le contrat de société apporte dans la position des créanciers
solidaires, trouve cette loi en opposition avec la loi
31 § 1, D. 46-2, mais on voit que l'antinomie n'est
qu'apparente.

XXXVIII. Les débiteurs solidaires sont aussi considérés chacun séparément comme obligés à toute
la dette, et la novation faite avec l'un d'eux libère
tous les autres. S'ils sont associés, ils se doivent
compte de leurs avances réciproques et celui
qui a pris à sa charge par une novation la dette
entière, recourra contre chacun des autres pour se
faire indemniser de ce qu'il a payé ou engagé dans
l'opération.

# CHAPITRE IV.

## DE L'INTENTION DE NOVER.

### SOMMAIRE :

XXXIX. Entre les conventions qui produisent la novation et celles dont il ne résulte que de simples modifications à l'engagement, il y a, dans la plupart des cas, de tels points de ressemblance qu'il deviendrait impossible de les distinguer, si l'on ne trouvait dans les termes du contrat ou du pacte la révélation de la volonté des parties. Et comme la novation présente dans ses résultats beaucoup plus de gravité que les stipulations accessoires d'une obligation, qu'elle paraît d'ailleurs s'écarter davantage des principes du droit commun, c'est pour sa formation que la loi a demandé l'expression d'une volonté clairement manifestée.

XL. La nécessité de l'*animus novandi* est fondamentale; elle est imposée par une foule de textes du *Digeste* et du Code. S'il n'apparaissait pas, la première obligation ne serait point éteinte, et le second engagement que les parties destinaient à remplacer le premier se formerait régulièrement, pour venir s'adjoindre à celui-ci et offrir au créancier un double lien à l'occasion d'une seule dette. Cette position offre bien quelque singularité. Le débiteur a pris deux engagements tout à fait indépendants l'un de l'autre en droit civil, et il semblerait qu'il doit être assujetti à deux prestations particulières. Ce résultat est rigoureusement exact, mais il fléchit devant la considération que les deux obligations sont *ut unius rei*, et que *bona fides non patitur ut bis idem exigatur* (L. 57, D. 50-17). *Cujus rei hic effectus est*, dit Vinnius, *quod creditor ex utrâque obligatione agere potest, et quod in unâ deest, per aliam suppletur; planè, si ex unâ obligatione solutum est, altera quoque continuo tollitur, quia sunt obligationes unius rei.*

XLI. On rencontre au *Digeste* plusieurs exemples
de cette hypothèse.

Un mari, auquel une dot avait été promise au
nom de sa femme par un tiers, la stipule une
seconde fois de celle-ci, sans intention de nover le
premier engagement. Ulpien décide que les deux débiteurs seront obligés, mais que le paiement fait par
l'un libérera l'autre (L. 8, § 5, D. 46-2.).

Dans la loi 25, § 1, D. 18-1, on suppose qu'après
avoir acheté une chose, l'acquéreur stipule qu'elle
lui sera remise. Le débiteur ne livrera qu'une seule
fois le même objet, mais il sera exposé aux conséquences de deux actions : l'action *ex empto* qui l'astreint à abandonner la paisible possession de l'objet,
et l'action *ex stipulatu* d'après laquelle il doit rendre
le stipulant propriétaire.

On voit, par ces exemples, quel rôle essentiel la
volonté des parties joue dans le contrat de novation.

XLII. Dans le droit antéjustinien, la recherche
de l'*animus novandi* était abandonnée à de simples
présomptions. Cette volonté fut toujours indispensable; mais il ne paraît pas qu'à ce moment on ait
encore songé à demander aux parties de la formu-
ler d'une manière assez nette et assez précise pour
éviter, avec les doutes, la nécessité d'un appréciation chancelante. C'est ainsi qu'on lit dans le *Digeste*
les expressions suivantes : *Si hoc actum sit ut novetur ; si id agatur ut novetur ; si novationis causa hoc*

*fiat;* ( L. 2, 8 §§ 2 et 5, 28, D. 46-2 ), et autres semblables.

Quelques lois présentent, il est vrai, des termes très explicites sur la nécessité d'une manifestation formelle de volonté, et je remarque notamment la loi 58, D. 45-1, où on lit : *Nisi animo novandi hoc specialiter expresserit.* Mais on s'accorde pour décider qu'il y a, dans ce texte et dans les pareils, une interpolation destinée à rétablir la concordance entre la doctrine ancienne et les changements que la législation subit au temps de Justinien. ( Voyez surtout Voët et Donneau, *de noval.*).

XLIII. Cet empereur voulut faire cesser les difficultés nombreuses qui embarrassaient le contrat de novation, et il promulgua une Constitution qui forme la loi 8 au Code, livre 8, titre 42.

Il fit d'abord table rase de la jurisprudence qui avait dû s'accumuler sur l'interprétation des contrats, pour en induire la novation, et dont l'autorité était sans doute invoquée dans les cas analogues : *Non ex lege, voluntate solum novandum est.* L'intention des parties doit être désormais le seul élément d'appréciation, mais cette intention, comment se formule-t-elle ? La Constitution n'est pas très claire à cet endroit. On y lit, d'abord que les contractants doivent faire spécialement remise de la première obligation et exprimer qu'ils s'en tiennent à la seconde. Puis elle ajoute, en généralisant, que si la volonté de nover n'est pas ma-

nifestée, elle ne doit point se sous-entendre. *Et gene-*
*raliter definimus, voluntate solum esse, non lege novan-*
*dum, et si non verbis exprimatur, ut sine novatione*
*causa procedat. Hoc enim naturalibus inesse rebus vo-*
*lumus, et non verbis extrinsecus supervenire.*

L'obscurité de cette rédaction a ouvert un champ
libre aux controverses.

Les uns ont soutenu que Justinien avait imposé la
nécessité d'une déclaration expresse et formelle devant laquelle il n'y aurait plus de volonté tacite, quelque claire qu'elle apparût dans les faits de la cause.

Les autres, et c'est avec raison selon moi, n'at-
tribuent pas à la Constitution un effet aussi exclusif.
Pour établir ce principe, dérogatoire au droit commun, que la novation doit s'établir *verbis expressis*,
il ne faudrait rien moins qu'une disposition catégori-
quement formulée. Or, ce n'est point évidemment ce
qu'on rencontre dans la Constitution, et nous reste-
rons dans les limites d'une interprétation plus sage, en
pensant que, selon Justinien, la volonté de nover doit
apparaître avec évidence, il est vrai, mais qu'elle peut
cependant s'induire des circonstances, quand elles
sont précises et dégagées de toute ambiguité.

On se convaincra de la vérité de cette opinion, si
l'on veut bien prendre la peine de me suivre dans
l'explication des hypothèses où la novation s'établit
sans aucune expression de la volonté des contractants.

XLIV. Et d'abord, je ne sais trop si les partisans
du système contraire ne seraient pas un peu embarrassés d'expliquer le résultat de la stipulation

Aquilienne. On sait que ce contrat n'était autre chose qu'une stipulation ordinaire, conçue d'une manière spéciale, par laquelle un créancier ramenait à une seule obligation de même nature tous les engagements d'un débiteur. Ce contrat était surtout utile pour faciliter les libérations ; mais il servait aussi et souvent aux novations pures et simples (L. 2, 9 § 2; 15, D. 2-15 ; L. 3. Code. 2-4 ; Paul, Sentences, 1 t. 1 § 3.). Or, la formule de la stipulation Aquilienne qui nous a été conservée textuellement aux *Institutes* et au *Digeste*, ne fait aucune mention de l'intention de nover ; cependant le paragraphe des *Institutes* où elle est rapportée nous indique positivement qu'elle nove toutes les obligations. *Stipulatio Aquiliana noval omnes obligationes.* ( L. 3, t. 29 § 2).

Voilà donc un cas déjà où il est impossible de nier que la novation s'opère sans *expression* de volonté.

XLV. La transaction nous en offre un autre.

Par cette convention les parties s'accordaient sur des prétentions incertaines, au moyen de concessions réciproques. Elle avait lieu par un pacte ou par une stipulation ; mais dans tous les cas, il découle de la nature même des choses que les contractants ont entendu substituer à leur ancienne position les résultats de la transaction. Bien que la volonté de nover ne soit pas manifestée *verbis expressis*, elle ressort des faits avec une grande énergie ; et il serait difficile de soutenir que les obligations primitives ne sont pas éteintes. C'est pourquoi la loi 6 au Code, liv. 2-4, accorde une action directe ou utile selon les cas pour suivre l'exécution de la transaction, *(Menochius, Præsumptionibus* 134, n.° 42. *Molitor,* 1063.).

XLVI. *L'animus novandi* est encore suffisamment caractérisé, pour opérer la novation, quand la seconde obligation est incompatible avec la première. Puisque les deux engagements ne peuvent pas coexister, il est bien clair que le second n'a pris naissance qu'après la dissolution du premier ; la substitution qui s'est opérée a eu lieu alors indépendamment de la volonté des parties.

Si l'on refusait d'admettre la novation dans ces circonstances, il faudrait aller jusqu'à soutenir que le contrat n'a été qu'une tentative vaine, mais où serait le principe que toute convention se doit interpréter de telle sorte qu'elle ait un effet ?

C'est par application de ces règles que la novation s'opère *ex re*, dans les cas suivants :

XLVII. Si un mandataire doit au mandant le reliquat du compte de son administration, et qu'il soit arrêté entre eux qu'il le conservera à titre de prêt, le mandat se transforme en *mutuum*], et c'est désormais en cette qualité que le mandataire sera débiteur. Il n'y a pas eu, il est vrai, extinction de la première obligation par le paiement effectif du reliquat de compte, ni création d'une nouvelle dette par la numération des espèces à l'emprunteur; mais ces deux opérations ont été remplacées par une tradition de brève main dont les effets sont les mêmes.

La loi 15 au *Digeste* liv. 12-1 prévoit cette hypothèse et explique très bien que *pecunia videtur data mihi et a me ad te profecta*. Cette transformation est le résultat d'une volonté tacite mais suffisamment claire.

On est amené à conclure de là que si le mandataire seul se reconnaissait débiteur à titre de prêt du reliquat de son compte, il n'y aurait plus accord de volontés, dès lors pas de novation, et il me semble que l'on pourrait appliquer à cette espèce la décision de la loi 34 D. 17-1. L'on ferait cesser ainsi la contradiction apparente signalée par tous les auteurs entre cette loi et la loi 15 précitée.

XLVIII. Le dépôt peut se changer de même en *mutuum*.

J'ai déposé chez vous 10,000 sesterces. Plus tard vous me priez de vous les prêter et j'y consens. Dès ce moment, le contrat de *mutuum* s'est substitué au dépôt sans que les parties aient besoin de manifester expressément leur désir. Cette intention est tellement évidente en effet que son indication formelle serait presque une naïveté (L. 9 § 9, D. 12-1.).

La convention que vous pourrez vous servir à titre de prêt de la somme déposée peut intervenir au moment du dépôt et être insérée dans le contrat lui-même. Dans ce cas, le dépôt forme la convention principale et le *mutuum* n'est que conditionnel. Si la condition arrive, c'est-à-dire si le dépositaire se sert des deniers déposés, le *mutuum* prend alors naissance, et le dépositaire se trouve débiteur à titre d'emprunteur ordinaire ( L. 10, D. L. 12-1 ; L. 1 § 34, D. 17-3. ).

XLIX. Enfin, le dépôt se convertit en prêt dans un cas particulier par l'adjonction d'une simple stipulation d'intérêts.

Si je confie, en effet, une somme d'argent à un banquier à titre de dépôt, la loi me donne sur ses biens un privilége préférable à tous ses créanciers ordinaires, parce que la cause de mon obligation est très favorable. Mais si, par une convention particulière, mon banquier s'engage à me payer l'intérêt de la somme déposée à sa caisse, je perds mon privilége. C'est que si le banquier paie des intérêts, il reçoit nécessairement le droit de se servir de la chose. La cause de l'obligation a donc été changée, et le dépôt s'est transformé en un prêt à intérêt ordinaire, sans garanties spéciales.

La novation s'est produite sans que la volonté des parties ait été énoncée *verbis expressis*, car ainsi que le dit Voët, (n.º 5 *de novationibus*), *impossibile est idem ex mutuo et ex deposito debitum esse..... quia quò quis usuras accepit pecuniæ ab initio apud nummularios simpliciter depositæ intelligitur recessisse a contractu depositi, imò per quamdam speciem fictæ traditionis nummos depositos recepisse ex causâ depositi,*

*iterum que ex novâ causâ mutui eosdem nummulariis*
*ad fœnus numerari.* (L. 7 § 2, D. 16-3.).

L. La loi 10, D. 44-2, présente encore l'hypothèse d'une novation dans laquelle l'*animus novandi*
n'est que tacitement exprimé. Si le locataire d'une
chose prie son bailleur de la lui laisser à titre de
*précaire*, il est évident que les parties ont voulu
mettre fin au contrat de louage, et que la novation
de la première obligation est complète. Il en est de
même si celui qui tenait l'objet à titre de précaire
la reçoit à bail du propriétaire. Dans ces deux cas,
dit Ulpien, *potius hoc procedere videtur quod novis-*
*simè factum est.*

LI. Mais quand il n'y a pas entre les deux obligations une incompatibilité absolue, et que la dernière ne suppose pas nécessairement l'extinction
préalable de l'autre, on n'en peut plus induire la
novation. Autrement, ce serait rentrer dans le domaine des présomptions, dont la législation impériale a secoué l'autorité en cette matière.

Ainsi, pour donner un exemple, je suppose qu'a-
près vous avoir promis le fonds Cornélien par stipulation, je m'engage de même à vous en payer
l'estimation. Si nous n'avons pas indiqué que ma
première obligation serait remplacée par la seconde,
je devrai à la fois vous délivrer l'immeuble et vous
en payer la valeur. Or, il arrivera ici quelquefois
un fait assez curieux, c'est que vous pourrez rece-

voir deux fois l'estimation de l'immeuble. Si je refuse, en effet, de vous abandonner le fonds, vous
obtiendrez du Préteur une formule qui entraînera
ma condamnation, mais cette condamnation peut
n'être que pécuniaire, et elle s'élèvera alors au montant de la valeur du fonds ; seulement la valeur sera
appréciée au jour de la demande, pourvu qu'elle n'ait
pas diminué par le fait du débiteur, tandis que la
deuxième estimation sera celle de la valeur du fonds
au jour de la stipulation. La possibité d'un pareil
résultat n'empêche pas que les deux engagements
s'exécuteront séparément ( L. 28, D. 46-2.).

LII. On ne verrait pas non plus l'intention de nover dans la stipulation par laquelle un créancier se
ferait promettre par un tiers ce que son débiteur ne
pourra lui payer. Une pareille convention a tous les
caractères d'une garantie et non pas d'une novation.
( L. 6, D. h. t.).

Il en est de même de l'espèce suivante, rapportée
par Scœvola : Un créancier avait prêté de l'argent
aux esclaves d'un pupille sur la signature du tuteur
de celui-ci. Le tuteur s'étant engagé postérieurement
lui-même à rendre la somme prêtée, on demandait
s'il avait opéré la novation de l'obligation des esclaves, et en conséquence si le pupille était encore tenu.
Le jurisconsulte répondit avec raison que la stipulation du tuteur ne novait pas l'engagement des esclaves, mais avait seulement servi à le confirmer.
( L. 20, § 1, D. 15-3.)

LIII. Ces exemples démontrent suffisamment qu'il ne faut faire résulter l'*animus novandi* que de l'incompatibilité bien caractérisée des deux obligations. On ne doit pas perdre de vue le principe que la novation ne se présume pas, et que le moindre doute s'interprète défavorablement.

Nous entendrons donc avec prudence ce passage du troisième commentaire de Gaïus, qui semblerait contraire à notre doctrine : « *Ità demum novatio fit* » *si quid in posteriore stipulatione novi sit, fortè si* » *conditio vel sponsor vel dies adjiciatur vel detraha-* » *tur,* § 177. » Non, il ne suffit pas pour nover de faire une deuxième stipulation dans laquelle on ajouterait ou on retrancherait quelque accessoire à la première créance ; il faut surtout et essentiellement que l'intention de produire cet effet soit clairement manifestée. C'est seulement quand l'*animus novandi* existe que la phrase du jurisconsulte devient parfaitement exacte. Autrement, nous l'avons dit, il y aurait deux obligations relatives à la même dette et conservant chacune, en droit pur, leur individualisme distinct.

LIV. Peut-être que dans l'ancienne jurisprudence, à ce moment où toutes les présomptions venaient se grouper autour des contrats pour révéler l'intention des parties, on avait fait résulter la novation du concours de ces deux circonstances : 1.º d'abord, que la stipulation avait été renouvelée entièrement, ce qui paraissait bien indiquer déja un certain dé-

sir de changer l'obligation ; 2.° ensuite, que le second engagement différait en quelque point du premier.

Je ne m'étonne pas que Gaïus, qui écrivait précisément au milieu de cette époque, ait reproduit
dans ses ouvrages la doctrine des rescrits du temps,
doctrine fort controversée d'ailleurs, ainsi qu'il nous
l'apprend ; mais ce que je ne m'explique pas, c'est
de voir les mêmes idées textuellement reproduites
dans les *Instilutes* par Justinien, qui avait publié
depuis plus de trois ans sa fameuse Constitution
sur la nécessité de l'*animus novandi*.

Ce qui achève de rendre encore la pensée des *Institutes* à peu près inintelligible, c'est un changement
de rédaction qui paraît avoir été introduit avec ré-
flexion dans le passage que je critique. Gaïus enseignait que l'adjonction ou la suppression d'un
*sponsor* dans l'obligation suffisait pour la nover, et
cette décision n'avait vraiment rien de contradic-
toire avec les principes du jour. En effet, le *sponsor*
était un garant qui ne pouvait intervenir que dans la
stipulation même : ni avant, ni après. Pour le supprimer ou l'adjoindre il fallait donc procéder à un
second contrat verbal, et alors on se retrouvait dans
l'hypothèse d'une deuxième stipulation et d'une modification au premier engagement, ce qui, d'après
une partie de la doctrine, indiquait assez l'intention
de nover.

LV. A l'époque de Justinien, la garantie des *spon-*

*sores* a disparu. Les formalités rigoureuses de leur constitution n'étaient plus dans les mœurs, et on les remplaça par les *fidejusseurs* dont l'utilité était plus générale et la pratique plus facile. Ce genre de cautionnement se donnait à l'occasion de toute espèce de dette et intervenait après l'obligation sans qu'il fût nécessaire de la renouveler.

Or, Justinien déclare aux *Institutes* que : *novatio fit si fidejussor adjiciatur vel detrahatur.*

Admettre qu'en venant cautionner un engagement antérieur on en opère la novation, c'est choquer tous les principes, et nul interprète n'a eu la pensée de le soutenir.

Justinien aurait-il voulu dire, comme Gaïus, que si cette obligation antérieure est renouvelée et que dans la seconde on ajoute une *fidéjussion*, il y aura dans ces deux faits intention suffisante de nover? Mais alors c'est supposer un cas extrêmement rare, car il est inutile de renouveler une dette pour y joindre une garantie; et, au reste, c'est se mettre de la manière la plus formelle en contradiction avec la loi 8 au Code, qui exige une volonté claire d'opérer la novation.

La phrase de Justinien signifierait-t-elle enfin qu'il ne suffit pas, pour nover, de substituer une obligation à une autre, même avec l'*animus novandi*, mais qu'il faut encore que la seconde présente quelque chose de différent? Voilà, je crois, le véritable sens du passage des *Institutes*, et bien qu'aucun auteur, à ma connaissance du moins, ne l'ait entendu ainsi, je demeure convaincu que c'est la manière la plus raisonnable de l'interpréter. Il se trouve par là dans une certaine corrélation avec la loi 9, § 2, D. 46-2, et l'explication semble au moins aussi admissible que celle des auteurs suivis à l'école (Ortolan, 3, n.° 1700 ; de Fresquet, 2, p. 318), d'après lesquels la phrase dont il s'agit est une erreur ou une superfluité. Nous verrons plus loin, au commentaire de la loi 9, l'examen critique de cette question qui nous paraît avoir été mal saisie par plusieurs jurisconsultes modernes (*infrà*, n.° 77.).

LVI. Ce qui précède a démontré que le changement d'un accessoire, et spécialement de la garantie d'une obligation, ne nove pas celle-ci ; et si l'on a pu l'admettre dans l'ancien droit, c'était quand l'obligation se trouvait en même temps renouvelée. ( Gaïus, n.° 178, III.).

On lit bien dans les *Sentences de Paul* cette règle générale : *Novationes fiunt quoties cautio renovatur* (Liv. 5, tit. 8) ; mais il faut remarquer que la caution dont parle le jurisconsulte n'est autre que le *sponsor*, seule garantie usitée de son temps, et que la *sponsio* supposait toujours le renouvellement de l'obligation.

Le *Digeste* nous présente à la loi 8, § 3, 46-2, l'hypothèse d'une caution jointe à une obligation primitive, et Ulpien décide que la novation n'a pas lieu. Il s'agit de la caution *judicatum solvi* que le défendeur en possession de l'objet revendiqué donnait au demandeur pour en assurer la restitution. Il n'était pas question de renouveler ici l'action du jugement ; le *sponsor* accédait seulement à cette obligation sans la nover, et à titre de garantie.

Quoiqu'il en soit, depuis la Constitution de Justinien, l'*animus novandi* ne résulterait plus même d'une seconde stipulation dans laquelle il interviendrait une modification à l'engagement primitif.

LVII. A plus forte raison, la novation n'existerait-elle pas si c'était à la première obligation que venaient s'adjoindre les accessoires.

Parmi ceux qui se présentent le plus souvent dans la pratique, nous citerons les intérêts, la clause pénale et le terme.

Si une somme a été originairement prêtée sans intérêts, les parties peuvent convenir par la suite, au moyen d'un pacte ou d'une stipulation, qu'il en sera payé par le débiteur. Il leur est permis aussi d'en augmenter ou d'en restreindre le taux. Dans ces deux cas le premier engagement continue à rester le titre du créancier. Ses rapports avec son débiteur ne sont pas un instant rompus, ils ne font que s'élargir.

Si la première dette disparaissait, il faudrait admettre que toutes les garanties s'évanouissent et on arriverait à ce résultat inadmissible qu'un créancier ne peut demander des intérêts à son débiteur sans être menacé de perdre les cautions, les gages ou les priviléges qu'il avait d'abord obtenus.

Si donc un pupille qui a reçu son compte de tutelle, et auquel la loi accorde un privilége sur les
biens de son tuteur, convient qu'il lui sera payé des
intérêts pour le reliquat à lui dû et les reçoit, il
devra perdre son privilége, s'il y a novation. Or, la
loi 44 D. 26-7 répond précisément que ce privilége
est conservé, et décide ainsi virtuellement qu'aucune
novation n'a eu lieu.

On ne peut pas dire qu'il y a incompatibilité entre
une dette productive et une dette non productive
d'intérêts, car il n'y a pas même deux engagements,
mais une seule obligation suivie d'une convention
accessoire.

Si nous avons décidé plus haut ( n.° 49 ) que la
simple stipulation d'intérêts novait en *mutuum* le
dépôt d'argent chez un banquier, c'est que par
une exception très remarquable, la nature même
du contrat est radicalement modifiée ; mais il faut
restreindre ce résultat à l'hypothèse particulière à
laquelle il s'applique.

LVIII. La clause pénale était, à Rome comme
chez nous, la fixation des dommages-intérêts que le
débiteur promettait de payer en cas d'inexécution
de son obligation. Cette convention était toujours
conditionnelle en ce sens que le créancier n'en pouvait poursuivre l'accomplissement que si la prestation principale n'avait pas lieu, mais à aucun
temps elle n'opérait novation. Loin que les parties

en effet, aient voulu éteindre la première dette, c'est pour la fortifier et en assurer le paiement qu'elles ont placé le débiteur sous la menace de la clause pénale.

Il y a si peu novation que le créancier peut demander l'exécution de la convention au lieu de la peine, et même après avoir exigé les dommages, revenir encore à l'exécution de l'engagement si la peine ne l'a pas suffisamment indemnisé.

LIX. En droit, les effets de la clause pénale sont parfaitement déterminés, mais on risque souvent, dans la pratique, de la confondre avec l'obligation alternative, et celle-ci ne se discernait pas toujours très facilement elle-même autrefois de la novation.

Il était cependant très intéressant de distinguer ce trois espèces de contrats.

Dans l'obligation alternative, la seconde créance vient remplacer de plein droit la première lorsque la condition prévue défaillit. Mais cette substitution s'opère, non pas seulement pour l'avenir comme dans la novation, et en conservant à la première dette son existence passée; elle remonte à l'origine de la convention, de telle sorte que le débiteur est censé n'avoir jamais contracté que la seconde obligation.

Aussi n'est-ce point ici une novation proprement dite, mais une transformation qui en simule quelques-uns des résultats, et qu'on appelle pour cela *quasi novatio.*

5

La clause pénale, elle, ne détruit nullement, ni pour le passé ni pour l'avenir, la créance à laquelle elle s'adjoint, elle opère comme une caution ou un gage, dans un simple but de nantissement. Mais les différences qui la séparent de l'obligation alternative sont tout entières d'appréciation.

Quant à la novation, on ne la distinguait de l'obligation alternative ou de la clause pénale que par l'*animus novandi*, et comme dans l'ancien droit cet *animus novandi* était une question d'intention, il en résultait qu'à ce moment, rien ne devait être plus difficile que de bien reconnaître l'identité de chacune de ces trois conventions.

Ainsi, quelle est la nature du contrat par lequel je stipule que vous me construirez un navire ou que vous me paierez 100,000 sesterces, si vous ne le faites pas ?

Sommes-nous convenus *principaliter* que vous me feriez le vaisseau, mais que si sa construction n'était pas possible, votre obligation se changerait pour l'avenir en une prestation pécuniaire ? Ce sera la novation.

Avons-nous pensé, au contraire, que cette prestation se substituerait à votre premier engagement en l'anéantissant *ab initio* d'une manière absolue ? C'est l'obligation alternative ou la quasi-novation.

N'y a-t-il enfin qu'une seule stipulation et une convention accessoire impuissante à la détruire ? C'est la clause pénale.

Le jurisconsulte Paul, qui donne cet exemple

à la loi 44, § 6, D. 44-7 se décide pour la quasi-novation.

LX. Beaucoup d'auteurs n'expliquent pas comme nous, par la notion de l'obligation alternative, la solution de la loi 44, et persistant à y voir l'effet d'une clause pénale, ils se trouvent embarrassés de la concilier avec les principes.

Pothier et Donneau croient que Paul admet franchement la novation ordinaire, mais le dernier repousse l'exactitude de cette doctrine parce que l'*animus novandi* ne lui paraît pas suffisamment caractérisé. Voët a bien vu qu'il ne s'agissait pas d'une novation proprement dite ; mais dominé par l'idée de la clause pénale, il présente une explication peu admissible. Selon lui, il y aurait quasi-novation parce que la convention ne permettant pas ici au créancier de demander en même temps le principal et la peine, celle-ci s'imputera jusqu'à due concurrence sur le montant de l'obligation. Il y aura donc une sorte d'extinction de la dette par la substitution d'un nouvel objet, et c'est ce résultat que Voët appelle quasi-novation.

S'il en était ainsi, toutes les clauses pénales ou à peu près toutes, produisaient des quasi-novations, car il est très rare que le contrat permette au créancier de cumuler l'obligation et la peine ; et non-seulement les clauses pénales, mais encore les cautions, les gages, les hypothèques et toutes les garanties dont on protége un engagement. La poursuite de ces garanties n'est qu'un mode prévu par avance de l'exécution des obligations; elle n'en change pas le caractère, et ses effets ont une analogie beaucoup trop éloignée avec les résultats de la novation, pour qu'on doive croire que le jurisconsulte Paul les ait qualifiés de quasi-novation.

Suivant M. Molitor, la loi 44 doit se restreindre au cas d'une clause pénale jointe à une obligation de faire.

Sous le droit antéjustinien, la stipulation d'un *facere* était essentiellement nulle, parce que toute promesse devait pouvoir se résoudre en une condamnation pécuniaire parfaitement déterminée. Pour valider les contrats de cette nature, on y joignait une clause pénale qui prenait ostensiblement la place de l'obligation principale, et en opérait alors la quasi-novation.

Je ne conteste pas ce résultat, mais je doute que la loi 44 y fasse allusion. Il y avait longtemps, en effet, à l'époque de la rédaction du *Digeste*, que la stipulation d'un *facere* était devenue valable et que la clause pénale ne servait plus à la fortifier. La loi 44 ne serait donc plus alors qu'un monument inutile d'une législation surannée, et son intercallation dans le *Corpus Juris* ne s'expliquerait que par une erreur. C'est aussi la conclusion que le savant professeur est conduit à donner. J'aime encore mieux croire au sens actuel de la loi, et l'expliquer en la rapportant à l'obligation alternative.

Le même jurisconsulte Paul qui vient de se décider pour la quasi-novation dans l'hypothèse précédente, enseigne qu'il y a seulement clause pénale dans l'exemple suivant : Deux professeurs se sont associés pour partager le produit de leurs leçons, et ils sont convenus que celui qui contreviendrait à l'arrangement paierait à l'autre 20,000 sesterces. Paul examine l'intention probable des parties et il n'aperçoit pas un *animus novandi* suffisant pour produire la novation. Aussi conserve-t-il l'action *pro socio* à celui qui veut poursuivre l'exécution de l'engagement.

On voit que ces questions se résolvaient uniquement, dans l'ancien droit, par l'appréciation de la volonté des parties. Depuis la Constitution de Justinien, la novation s'est détachée d'une manière beaucoup plus saillante des deux autres conventions, et les difficultés ont presque totalement disparu.

LXI. Le terme ou la condition ne produisent pas plus la novation que la clause pénale. Il n'en résulte pas deux obligations dont l'une soit incompatible avec l'autre, mais une seule promesse principale et une convention accessoire d'un caractère simplement modificatif.

Ce point ne semble nécessiter aucune explication.

LXII. En droit romain, la dation en paiement n'était permise au débiteur qu'avec le consentement du créancier; il s'opérait alors, dans le mode d'exécution, une transformation qui équivalait à un paiement. Mais il ne suit pas de là que la première obligation était novée. En effet, si la dation en paiement était complète, c'est-à-dire si le créancier devenait véritablement propriétaire de l'objet que lui remettait son débiteur pour opérer la *solutio*, il y avait extinction totale de la première dette, et il n'était pas question dès lors de la nover.

S'il n'y avait point eu remise effective au créancier de la propriété de la chose donnée et qu'il soit intervenu une simple convention de la lui livrer, l'obligation n'était pas éteinte et la loi offrait au créancier le choix, ou de faire compléter la dation en paiement en poursuivant son cocontractant en délivrance et en garantie par l'action utile d'achat, ou bien d'exiger le paiement direct de sa première dette par la *conditio causâ non secuta*. (L. 46, D. 46-3; L. 24, D. 13-7; L. 4, C. 8-45.).

Puisque cette obligation subsiste, c'est donc qu'elle n'a pas été novée; tous les textes sont très explicites à cet égard.

Il suit de là que les cautions ne sont pas éteintes si le créancier a reçu en paiement un effet dont il soit par la suite évincé, parce que la dation n'étant pas complète, la dette a toujours subsisté. Cette doctrine était celle de notre ancienne législation. « *Si le créancier*, dit Domat, *consentait à recevoir* » *en paiement un fonds ou autre chose, le débiteur* » *demeurerait garant des évictions et ne serait acquitté* » *qu'à la charge de la garantie, le paiement demeu-* » *rant sans effet, si ce n'est qu'il eût été autrement*

» *convenu.* » (Liv. 4, tit. 1, sect. 2, n.° 12; — *Vide Renusson* — Subrogation, ch. 5, n.° 40.).

On sait que le Code Napoléon n'a point accepté les traditions du passé. Dans un esprit entièrement favorable aux cautions et pour les empêcher d'être poursuivies quand elles avaient cru la dette éteinte, l'art. 2038 a décidé que : « *L'acceptation volontaire que le créancier a faite d'un immeuble ou d'un effet quelconque en paiement de la dette principale, décharge la caution, encore que le créancier vienne à en être évincé.* »

# CHAPITRE V.

## DES OBLIGATIONS SUSCEPTIBLES D'ÊTRE NOVÉES.

SOMMAIRE :

LXIII.. On peut éteindre, au moyen de la novation, toutes les obligations, quelle que soit leur origine. Il importe peu qu'elles proviennent d'un contrat, d'un délit ou d'un fait qui y ressemble (*quasi ex contractus, quasi ex delictus*); du moment qu'il existe entre les parties un engagement actuel, il est possible de le dissoudre en le novant. *Omnes res transire in novationem possunt quodcunque enim sive*

*verbis contractum est sive non verbis.* (D. L. 2,
D. 46.2.).

La stipulation Aquilienne qui n'est, en définitive,
qu'un mode de novation, présente une application
énergique de ce principe, et on peut y voir avec
quel soin le jurisconsulte a cherché à y comprendre
les différentes sources d'engagements. « Tout ce que
» vous devez, dit-il, ou devrez me donner ou faire
» pour moi, en vertu d'une cause quelconque, actuel-
» lement ou à terme; toute chose à l'occasion de la-
» quelle j'ai ou j'aurai contre vous une action réelle
» ou personnelle, tout ce que vous avez à moi, soit
» que vous le déteniez physiquement ou que vous en
» ayez seulement la possession civile, soit que vous
» le possédiez injustement, vous en reconnaissez-vous
» débiteur? » C'est là, nous le faisons encore observer, une dérogation bien remarquable aux principes de l'extinction des obligations, d'après lesquels,
en droit rigoureux, une dette ne devrait pouvoir
s'acquitter que directement par la *solutio*, ou indirectement par le moyen qui a servi à la faire naître.

LXIV. Il n'y a pas non plus, en général, à considérer la nature de la créance; toutefois, il va sans
dire que si l'une des deux obligations était entièrement nulle, la novation deviendrait impossible.

Si c'est le premier engagement qui est nul, si, par
exemple, je vous ai promis un hippocentaure, ou
si je me suis engagé à toucher le ciel du doigt, ma
promesse ne produit aucune obligation, et il ne peut
pas être question de résoudre un lien qui n'existe

pas. Le motif qui nous porte à faire la seconde convention n'a pas de réalité, et dès-lors le contrat
manque d'un de ses éléments essentiels.

La nullité de la novation est encore plus évidente
si c'est la seconde obligation qui n'existe pas ou est
entachée d'un vice radical; par exemple, si au lieu
des 10,000 *sesterces* que je vous dois, je m'engage à
tuer votre voisin. Cette convention manque d'objet;
elle n'a pas même pu se former, et dès-lors il n'y a
pas à s'occuper de son effet extinctif. ( L. 24, D. 46-2;
*Inst.* 3, tit. 29, § 3.).

On lit, il est vrai, dans les *Institutes*, livre 3,
titre 29, § 3, que : *prima stipulatio jure novationis*
*tollitur licet posterior inutilis sit*, mais tout le monde
s'entend fort bien sur le sens de cette dernière expression qui ne s'applique point à une obligation
nulle, mais à un de ces engagements sans action civile, comme la dette contractée par un pupille sans
l'*auctoritas* de son tuteur (voyez *suprà*, n.° 22.). Et
c'est en effet l'hypothèse que prévoient les *Institutes*
pour en expliquer la portée.

LXV. La novation ne se produirait pas non plus si
la chose que le débiteur s'engage à livrer ne pouvait
appartenir au créancier, comme si on promet un esclave chrétien à un hérétique. La loi 4, D. 46-2, se rapporte à un cas de cette nature, en supposant un débiteur qui délègue à son créancier l'usufruit qui lui est
dû par un tiers. On considère l'usufruit comme un
droit tellement inhérent à la personne de l'usufruitier,

qu'il n'est pas cessible, et ne peut quitter la tête de celui-ci que pour s'anéantir. Il en est de même de l'usage. Cette hypothèse rentre plus particulièrement d'ailleurs dans l'étude de la délégation.

LXVI. Mais il n'en est pas de l'erreur comme de la nullité. Pourvu que les parties, dit Pothier, aient l'intention de nover, l'erreur sur la cause de l'obligation dont elles voulaient opérer la novation, n'empêche pas celle-ci de se produire. Et il donne l'exemple suivant : Un individu vous devait un prix de vente de 10,000 sesterces, et vous faites avec lui une novation par laquelle vous stipulez les intérêts de ce capital. Cette novation aura lieu encore que vous vous soyez trompé sur le montant du prix de vente, *quia obligationis substantia non defecerit*, parce que la substance de l'obligation n'est pas altérée (L. 6, C. 4,2.). Au reste, l'erreur peut se présenter de beaucoup d'autres manières ; mais les difficultés que son appréciation soulève ne peuvent trouver place dans le cadre restreint de ce travail. Je n'ai recueilli la décision précédente qu'à cause de sa spécialité à mon sujet.

LXVII. Quand on étudie la matière des obligations qui peuvent être novées, il ne faut pas perdre de vue qu'il s'agit d'un contrat complexe composé de deux termes correspondants, et comprenant toujours au moins deux obligations. Aussi, devrons-nous examiner chaque question au regard des deux engagements dont la réunion constitue le contrat de novation.

Et d'abord aucune difficulté ne peut s'élever pour l'obligation pure et simple. Dans les deux hypothèses, la novation s'effectue régulièrement et à l'instant même du contrat.

Mais que décider de l'engagement à terme?

On sait que le terme est un événement futur et certain jusqu'à la réalisation duquel l'exécution de l'obligation se trouve différée. Cette définition suffit pour résoudre la question. En effet, la dette reste intacte ; son exécution seule est retardée. Or, le délai d'exécution est indifférent en matière de novation ; du moment que le *vinculum juris* a une existence assurée, rien ne s'oppose à ce qu'il fasse l'objet du contrat. La transformation juridique des créances s'opère immédiatement. Est-ce l'obligation à terme qui est remplacée, le terme s'évanouit et la position des parties se règle sur la nouvelle dette. Est-ce elle, au contraire, qui est substituée à un engagement pur et simple, le créancier sera dès aujourd'hui maître de la nouvelle dette, seulement il ne pourra la recouvrer qu'à l'expiration du terme. Rien de plus simple assurément que cette doctrine (L. 5, 8 pr. D. 46-2), et on ne comprend pas que Donneau y ait trouvé la matière d'une hésitation.

LXVIII. Il y a beaucoup plus de difficultés à l'égard de la condition.

L'obligation conditionnelle ne fait naître pour le

créancier aucun droit actuel de propriété sur la chose qui en fait l'objet. C'est seulement lors de la réalisation de l'événement prévu que ses droits se détermineront et lui conféreront la qualité de créancier véritable. Jusqu'alors il n'a que l'espérance fort hasardée de voir naître la dette à son profit, et, comme disent les *Institutes* : *Tantum spes est debitum i·i*. Tant que la condition est suspendue, dit la loi 213, D. 50-16, il n'y a ni naissance ni exigibilité de la créance, *neque cessit neque dies venit*. Tellement que l'on pourrait répéter comme indû le paiement qui en aurait été fait par erreur (L. 16, D. 12-6.).

Mais de ce que le créancier ne devient pas présentement le maître de la dette, il ne s'ensuit pas que la convention ne produise aucun effet actuel. Pour être conditionnel, un engagement n'en est pas moins un *vinculum juris* dont les parties ne peuvent se dégager arbitrairement. Sans doute, ce lien de droit n'est pas absolu dans ses effets ; il a peu de consistance, c'est possible ; mais enfin il existe, et il existe si bien, que le débiteur n'a plus, comme auparavant, l'entière disposition de sa chose. Comme l'événement de la condition ne dépend pas de sa volonté, il doit être, à tous instants, prêt à exécuter, et le créancier peut prendre les mesures conservatoires nécessaires à la garantie de son droit. (L. 6, D. 42-4 ; L. 4, D. 42-6 ).

Si la condition arrive, l'*alea* qui affaiblissait le *vinculum juris* disparaît, et la propriété de l'objet

se consolide définitivement sur la tête du créancier.
Mais, voici un effet remarquable ! c'est que la position intermédiaire et douteuse où les parties se sont
trouvées, depuis l'engagement jusqu'à la réalisation
de la condition, est juridiquement supprimée; et le
le créancier paraît avoir été propriétaire à partir de
la convention même. Ce résultat qui va saisir dans
le passé des faits accomplis peut paraître contraire
à l'ordre naturel des choses et aux principes d'une
sévère logique, mais il fallait l'accepter, parce que
c'est la consécration de la volonté des parties, car
l'obligation conditionnelle se formule ainsi : Je vous
dois, si telle chose arrive, et non pas : je vous
devrai, si...

N'exagérons pas toutefois cette idée que le créancier est réputé le maître de l'objet depuis le jour
même du contrat, car on trouverait que le cas fortuit
arrivé avant la condition est à sa charge, d'après
l'adage : *Res perit domino*; et ce serait une erreur.
En effet, pour qu'il y ait rétroactivité, il faut d'a-
bord que le droit existe. Or, quand l'objet de l'obligation périt avant l'arrivée de l'événement prévu,
ou que le débiteur devient hors d'état de le prester,
la condition s'accomplirait en vain.

Si la condition défaillit, l'espoir du créancier
disparaît avec elle, et le débiteur recouvre sa liberté
un instant engagée. La convention n'a jamais été
qu'une tentative infructueuse qui s'anéantit dans le
passé comme dans l'avenir.

LIX. Ce qui précède ne s'applique qu'à la condition suspensive, la condition par excellence de la législation romaine, la seule même dont s'occupent directement les textes du *Digeste.*

Quant à la condition résolutoire, ses résultats étaient trop inconciliables avec les principes fondamentaux du droit civil pour qu'elle ait été d'abord acceptée. Cette condition opère, *ipso jure*, par le seul effet du consentement, le retour de la propriété entre les mains de l'aliénateur. Or, quoi de plus opposé à cette règle, que la nécessité du symbole physique de la tradition pour la translation de la propriété ? Aussi ne puis-je croire que la doctrine des jurisconsultes du *Digeste* ait été sur ce point aussi nette et aussi précise que le pensent MM. Thibault et Zimmern, et il y a tout lieu de supposer, au contraire, que la notion de la résolution conditionnelle s'est timidement introduite dans la législation, comme toutes les innovations utiles, à l'ombre des fictions prétoriennes. C'est aux tendances progressives d'Ulpien qu'on en doit surtout l'emploi pratique.

LXX. Après cet exposé, il sera facile de faire l'application des règles ci-dessus à la novation.

Si l'un des deux engagements est conditionnel, la novation ne se produira que quand il sera devenu certain. Il faut, en effet, substituer une obligation à une autre obligation, et l'engagement conditionnel, dans les idées romaines, n'est qu'une espérance d'obligation, (L. 8 §§ 1 et 2 — 14 § 1, D. 46-2; )

C'est seulement quand cet espoir se transforme en un droit certain qu'il peut se substituer à une obligation actuelle ou être remplacée par elle. Mais la validation rétroactive de l'engagement ne réfléchit pas sur les effets passés de la convention, et c'est seulement à partir de l'événement de la condit'on que la première dette s'évanouit. Ce résultat ne doit pas paraître bizarre, car la rétroactivité est une dérogation très grave à la nature ordinaire des choses et l'on doit la restreindre dans des limites étroites. Or, s'il est vrai que l'interprétation raisonnable de l'intention des parties amène forcément à ce résultat pour l'obligation elle-même, il n'en est plus ainsi de la novation qui se présente comme une convention pure et simple dans l'esprit des parties, et à laquelle il ne faudrait pas attacher de plein droit les effets de la rétroactivité. Il n'en serait ainsi que si la novation était elle-même soumise directement à une condition.

Faut-il conclure de ce qui précède que l'engagement conditionnel ne peut jamais servir à une novation actuelle, lors même que les parties auraient clairement déclaré leur volonté ; s'ils disent, par exemple, qu'ils entendent remplacer une créance actuelle de 10,000 sesterces, par le droit qu'a l'un des contractants sur la propriété de tel vaisseau s'il revient de Carthage.

LXXI. Ce serait peut-être une erreur d'enseigner exclusivement, comme M. Marcadé sur l'art. 1272 n.° 5 C. N., que la novation n'avait jamais lieu. On voit au contraire par le § 179 du troisième commentaire de Gaïus que cette doctrine était controversée à Rome. Dans une hypothèse où l'intention formelle de nover n'avait pas été déclarée, *Servus Sulpicius* pensait même qu'il y avait novation actuelle *pendente conditione*; Gaïus ajoute que l'avis contraire avait prévalu et c'est aussi l'opinion d'Ulpien au *Digeste*.

Mais ne pourrait-on pas penser que ces auteurs statuent pour les cas ordinaires dans lesquels, à défaut d'une déclaration expresse, les parties doivent être réputées ne substituer la nouvelle obligation à l'ancienne qu'autant que toutes deux elles sont devenues certaines? Et alors il faudrait donner une solution contraire dans le cas où cette présomption serait détruite par l'évidence des faits ou la clarté des expressions.

Sans doute, l'obligation civile ne se dissout pas ordinairement par un simple consentement, et si l'on emploie la novation il faut un engagement nouveau, mais cet engagement, sur l'énergie duquel les textes ne sont pas très scrupuleux puisqu'ils admettent une simple obligation naturelle, résulterait du *vinculum juris* qui unit les parties, et qui, pour être conditionnel n'en existe pas moins réellement.

C'est ce qu'on pourrait induire des termes de la loi 14 § 1, D. 46-2, d'après laquelle la novation d'une obligation conditionnelle *aliquid egisse videtur*.

6

Il est bien difficile d'admettre que la législation civile ait refusé toute protection à une convention
aussi librement formée et ne présentant en définitive rien de contraire à ses principes.

Gaïus, le champion de la doctrine contraire, est
forcé d'apporter un tempérament à la rigueur de
sa règle, car il irait tout droit contre la raison. En
effet, si la condition vient à défaillir, ne serait-il
pas d'une monstrueuse injustice que le débiteur, qui
s'est exposé à la chance de payer une somme dix
fois plus forte peut-être que sa dette primitive
dans l'espoir d'être totalement libéré par le non
accomplissement de la condition, demeure toujours
sous le coup de son premier engagement, de sorte
que la convention doive, en toute hypothèse, constamment servir à l'un et toujours nuire à l'autre?
Gaïus, en présence d'un tel résultat, enseigne qu'il
faut examiner l'intention des parties, et si elle est
évidente, repousser la demande du créancier par
l'exception de pacte ou de dol. Il arrive donc en dernière analyse à attribuer à la novation de l'obligation conditionnelle, par des moyens indirects, une
validité que *Servius Sulpicius* lui conférait directement.

LXXII. Tout le temps que la condition n'est pas
accomplie, l'objet promis reste entre les mains du
débiteur, son propriétaire. Si la chose périt par cas
fortuit, c'est-à-dire sans le fait du débiteur, la condition arriverait inutilement et la novation est dès lors

impossible. Il en est de même si le débiteur éprouve une déchéance d'état entraînant sa mort civile, comme la déportation, car alors il est inhabile à tous les contrats et ne laisse pas d'héritier pour remplir ses engagements. Or, il n'y a pas d'obligation sans une personne obligée. ( L. 14 § 1, D. 46-2. ).

Si la perte vient de la faute du débiteur, il naît contre lui une dette de dommages-intérêts qui prend la place de l'obligation du corps certain, et à l'événement de la condition cette créance d'indemnité sert à la novation.

LXXIII. Les commentateurs ont éprouvé quelques embarras dans l'hypothèse suivante : Vous me deviez un esclave et vous étiez en demeure de le livrer ; dans le but de nover votre obligation, nous convenons que la prestation ne m'en sera faite que si vous obtenez tel emploi. L'esclave meurt, puis la condition se réalise.

Il est certain que la novation n'a pas lieu puisque l'esclave était mort avant l'arrivée de la condition. La première obligation n'a donc point été éteinte, et comme le débiteur s'était laissé mettre en demeure à son égard, il paraît logique de penser qu'il sera responsable de la mort de l'esclave.

Cependant les lois 14, D. 46-2 ; 72, D. 46-3 déclarent positivement le contraire. Cela ne peut avoir lieu que si le retard du débiteur se trouve purgé, et c'est précisément là un des effets de la novation.

Comment concilier ce résultat avec les principes ?

On le fait en disant qu'à la vérité la novation d'une obligation conditionnelle ne s'effectue qu'au moment où la condition arrive en ce qui concerne l'échange complet des deux dettes, mais que néanmoins puisque le créancier veut bien recevoir à la place de son droit actuel une simple chance, l'opération produit un certain effe' satisfactoire suffisant pour purger la demeure de la première obligation. « Le débiteur constitué en demeure, la purge en sti-
» pulant dans l'intention de faire une novation même
» con·ditionnelle, parce qu'il satisfait son créancier.
» — Pothier, *ad Pandectas*, *de novationibus*. »

Je ne puis dissimuler que ce motif ne me plaît guère et je trouve qu'il s'écarte bien de la logique serrée des jurisprudents. On ne scinde pas le caractère d'un contrat. C'est ou non une novation, mais à coup sûr ce ne peut pas être tantôt l'un, tantôt l'autre, selon les besoins de la cause. Avouons plutôt simplement qu'on avait voulu protéger l'intention des parties, de même qu'on le faisait peut-être quand la volonté de nover actuellement une obligation conditionnelle était formellement exprimée.

Le jurisconsulte Venulejus pensait, lui, que cette novation bâtarde n'avait pas lieu, et que le débiteur continuait à être responsable de sa mise en demeure. La mort de l'esclave ne le libérait pas de sa dette de dommages-intérêts, et quand la condition arrivait, sa créance pécuniaire était susceptible de novation. ( L. 31, D. 46-2.).

Cette décision a au moins le mérite d'être parfaitement logique, et elle est acceptée par Cujas qui réfute les arguments contraires d'Accurse. D'autres auteurs plus récents, dans leur désir fort légitime, mais quelquefois exagéré, de concilier tous les textes, ont prétendu que la loi 31 avait une signification différente. Selon Voët, la novation que le jurisconsulte croit possible serait précisément celle-là même qui purge la demeure sans toucher au fond des choses, mais le texte résiste manifestement à cette interprétation.

Pothier pense qu'il s'agit du cas où le débiteur, en novant sous condition son obligation pure et simple, n'a cependant pas purgé son retard, parce que à raison de la distance ou de tout autre motif, il n'était pas en état d'effectuer la prestation de son premier engagement.

Cette explication me paraît un peu divinatoire, et d'ailleurs elle suppose une hypothèse assez rare en pratique pour qu'on puisse douter de son exactitude.

LXXIV. L'obligation contractée sous condition résolutoire peut aussi être novée ou servir à la novation d'une obligation pure et simple. Mais ici, comme le droit existait actuellement sur la tête du créancier, que sa résolution seule était conditionnelle, la novation s'opérait aussitôt. Lorsque la condition arrivait, l'obligation se trouvait anéantie, et avec elle la novation où elle avait figuré, à moins que les parties n'aient, comme pour l'obligation sans condition suspensive, entendu se soumettre définitivement à la chance commune.

Les textes sont muets sur cette espèce de novation, mais les solutions précédentes découlent des principes généraux de la législation impériale sur les effets de la condition résolutoire.

LXXV. L'existence d'une seconde obligation destinée à remplacer la première est indispensable pour opérer une novation. Si les deux engagements se confondaient en une seule dette, il est clair qu'aucune substitution ne serait possible. Le principe de droit ne fait aucun doute, mais il est quelquefois difficile de distinguer, en fait, si deux contrats donnent naissance à deux obligations distinctes ou ne sont que la confirmation l'un de l'autre. C'est là une question qu'il faut résoudre par l'appréciation de l'intention des parties et la nature des conventions.

On en trouve un exemple dans la loi 126 § 2, D. 45-1. Je vous compte de l'argent à titre de *mutuum*, puis je stipule que vous me le rendrez. La numération des espèces a fait naître une obligation contre vous ; d'autre part le contrat verbal vous a également engagé. Y a-t-il deux créances dont l'une puisse être novée par l'autre ? Non. On considère que la numération n'est que la cause rationnelle du contrat verbal et les deux opérations ne produisent dès lors qu'une seule dette. *Non duæ obligationes nascuntur sed una verborum.* (L. 6 § 1, 7, D. 46-2.).

LXXVI. S'il existe deux obligations, mais que la seconde soit identiquement la même que la première, je n'hésite pas à penser que la novation est possible si les parties expriment formellement leur volonté à cet égard.

On ne voit pas bien d'abord l'utilité d'une novation semblable puisque l'engagement reste le même, mais comme l'obligation antérieure peut être additionnée d'accessoires et qu'elle s'évanouit, les accessoires disparaissent eux-mêmes avec elle, et ne renaissent pas avec la seconde créance. Au reste, quand même il n'y aurait rien de modifié à cet égard, il suffit, pour la novation, d'un changement dans la cause de la dette, changement qui s'opère par la substitution d'un second contrat au prem'er *animo novandi.* Ainsi, vous devant un prix de vente, je vous le promets de nouveau par stipulation. La cause de la dette est changée, et la novation s'effectue si bien que les intérêts du prix de vente s'arrêteront de plein droit à partir de la stipulation. (L. 27, D. 46-2.)

LXXVII. Ceci n'est point en opposition avec la loi 9 § 2, D. h. t. portant: Celui qui stipule la servitude *iter* après avoir obtenu la servitude *actum* ne fait rien; de même de celui qui stipule l'usage après avoir stipulé l'usufruit d'un fonds.

En effet, à la loi 58, D. 45-1. Julien en répétant les mêmes idées ajoute qu'il en est autrement quand les parties ont entendu nover : « *nisi in omnibus novandi animo hoc facere specialiter expresserit, tunc enim priore obligatione expirante ex secunda introducitur petitio; et tam iter quam usus exigi possunt.* »

On ne peut rien dire de plus clair.

Gaïus indique comme la loi 9 la nécessité d'ajouter quelque chose de nouveau à la seconde obligation pour que la novation soit opérée, et il faut aussi l'entendre en ce sens que si l'intention de nover est d'ailleurs clairement exprimée, cette nécessité disparaît. Au temps de Gaïus et d'Ulpien, l'*animus novandi*, on le sait, pouvait résulter de toutes sortes de présomptions. Rien n'obligeait à le manifester formellement; on l'induisait de tous les faits de la cause, et c'est alors qu'il avait été reçu dans la jurisprudence que si la personne de laquelle on stipulait était la même, il n'y avait novation que quand on mettait dans la seconde obligation quelque chose de nouveau (Gaïus, Com. 3, § 177.). Mais lorsque la Constitution de Justinien obligea à manifester clairement la volonté de nover, cette jurisprudence tomba complètement, et les idées de Gaïus devinrent inexactes. La phrase de ce jurisconsulte a été cependant reproduite aux *Institutes* de Justinien, L. 4, tit. 29, § 3; mais j'ai établi ailleurs que c'est le résultat d'une erreur. (*Suprà*, n.° 55.)

# CHAPITRE VI.

### DES EFFETS DE LA NOVATION.

LXXVIII. La novation a pour effet d'éteindre l'ancienne obligation avec tous ses accessoires.

Ainsi, la clause pénale qui aurait été jointe à cet engagement disparaît. Si un créancier, dit Julien, a stipulé une peine dans le cas où il ne serait pas payé dans un certain délai, et qu'il ait ensuite fait novation, la peine ne sera pas encourue par le défaut de paiement au terme fixé, (L. 15, D. 46 2.).

Et cela a lieu ainsi, ajoute Pothier, parce que l'obligation principale étant anéantie par la novation, la stipulation pénale qui n'en était que la suite l'est également (Sur les *Pandectes*, V. *Novation*.).

LXXIX. Le cours des intérêts s'arrête, car la *causa debendi* est changée et les intérêts ne sont jamais dus de plein droit. C'est pourquoi Papinien enseigne à la loi 27, D. h. t. que si un acheteur promet au créancier de son vendeur, à titre de novation, le montant de son prix de vente, il cesse de

devoir les intérêts à son vendeur dont la créance
est éteinte, et il ne les doit pas au créancier qui ne
les a pas formellement compris dans la stipulation.

LXXX. Les gages, les hypothèques et les priviléges sont également éteints, (L. 18, h. t.); mais ils
peuvent être réservés pour garantir la nouvelle
dette, (L. 11 § 1, D. 13-7; L. 1, Code 8-27. . Cela
vient de ce que la première obligation n'est pas complètement anéantie, elle existe encore comme cause
rationnelle du second engagement, et cela suffit pour
qu'elle puisse servir de fondement aux priviléges et
aux hypothèques réservés pour la sûreté de celui-ci.

Dans la novation *in specie* dont nous nous occu-
pons, le consentement du débiteur au maintien de
ces hypothèques est toujours ordinairement compris
dans la novation même, puisque cette opération
résulte de la volonté des deux parties. S'il s'agissait
d'une délégation effectuée entre le créancier et un
tiers pour le débiteur, c'est une question discutée
entre les jurisconsultes français de savoir si le créancier peut réserver ses garanties sans le consentement
du débiteur déchargé. Mais il ne semble pas que le
doute ait existé à Rome. « Si un créancier, dit Paul,
a stipulé de *Sempronius* dans l'intention de nover
entièrement la dette de *Primus*, les gages donnés
par ce premier débiteur ne peuvent plus être affectés à la deuxième dette sans son consentement.
(L. 30, D. 46-2.) Telle est du moins l'interprétation que donne Pothier de cette loi. Toutefois

M. Toullier ne l'a point acceptée, et il croit que le jurisconsulte enseigne seulement que si la novation a eu lieu sans réserves, cette affectation ne peut avoir lieu *par un acte séparé* sans le consentement du premier débiteur. Vol. 7, n.° 312, note 1.

LXXXI. Le débiteur de la nouvelle dette ne peut plus opposer les exceptions dont il jouissait à l'égard de la première créance. En consentant à la novation, il a complètement renoncé à ses moyens de défense. Si vous m'avez amené par dol à vous promettre l'esclave Stichus et que je nove cette obligation, je ne serai plus reçu à repousser votre demande par la *replicatio doli*. Il n'en serait ainsi que si la novation était elle-même le résultat d'un dol. (L. 12, D. 46 2.).

En généralisant cette dernière idée, on peut dire que si le fait auquel est attachée l'exception se trouve reproduit dans la novation, la première défense s'éteint, il est vrai, mais il en naît immédiatement une semblable au profit du débiteur. Une femme qui était engagée contrairement au Sénatus Consulte Velléien, nove son obligation. Son second engagement est une nouvelle intercession tombant elle-même sous l'application du S. Cons., et la femme aura pour la seconde dette les mêmes exceptions que pour la première (L. 19, D. 46-2.).

LXXXII. L'extinction causée par la novation opère d'une manière absolue à l'égard de toutes les

personnes exposées au paiement de la dette. Nous
avons vu plus haut (n.º 36) qu'en novant avec l'un
des créanciers solidaires, le débiteur était libéré à
l'égard des autres, de même qu'un débiteur solidaire
libérait ses codébiteurs en novant la créance commune.

L'on doit ajouter ici que les garanties données
au créancier par les autres débiteurs solidaires s'é-
vanouissent tellement que leur consentement seul
pourrait les faire revivre à son profit, pour sûreté
de la nouvelle obligation de leur codébiteur. Ils
sont, en effet, dans leurs rapports avec le créancier commun, totalement étrangers les uns aux autres. Par la force même des choses, l'extinction de
la dette profite à tous quoique elle émane d'un seul;
mais l'opération reste d'ailleurs aux autres points
de vue, propre à celui qui la fait, et ses codébiteurs
ne sont pas responsables des suites qu'elle entraîne.

Les cautions qui accédaient à la première obligation sont déchargées par la novation émanée du débiteur principal, et si le créancier réserve ses droits
contre elles, il doit s'assurer de leur consentement
(L. 4, C. 8-41.). Enfin, la novation faite avec la
caution libère également le débiteur principal.

Tous ces résultats sont des conséquences parfaitement logiques de l'extinction de la première obligation, et nous les retrouvons, pour la plupart, reproduits dans les textes du Code Napoléon (Articles 1227, 1278 et suivants.).

# SECONDE PARTIE.

## DE LA NOVATION EN MATIÈRE D'ENREGISTREMENT.

———◦◦◦◦———

### INTRODUCTION HISTORIQUE.

Toute science a ses détracteurs et les plus pas-
sionnés ne sont pas toujours ceux qui la comprennent le mieux. Bien des gens représentent la connaissance des lois comme une matière ingrate, peu
digne du labeur qu'elle nécessite, et de laquelle l'esprit retire, à peu près pour tout fruit, ce talent
d'une moralité équivoque, qui consiste à être parfaitement rompu aux exercices de la chicane.

On pense cela surtout des études sur la législation fiscale, où, plus que partout ailleurs, on distingue et on subtilise.

Quoiqu'elle paraisse exagérée, cette conviction,
souvent systématique, est celle de beaucoup de

personnes, de celles surtout que la direction de leurs travaux tient éloignées des recherches juridiques, et qui n'en perçoivent pas directement, par elles-mêmes, les résultats utiles.

Dans l'ordre métaphysique comme dans le monde des faits, on est assez disposé à nier l'existence de ce qu'on ne sait pas voir.

L'intelligence de l'homme a trop peu d'étendue pour embrasser la variété des connaissances humaines ; ce n'est qu'en appliquant à l'une d'elles, d'une manière presque exclusive, nos aptitudes et nos travaux, que nous pouvons en sonder les profondeurs et développer les replis, car les siècles passés ont accumulé sur chaque science tant de matériaux et de découvertes, que la vie est bien courte pour seulement les coordonner et en faire jaillir une idée nouvelle.

Dans ces recherches, on voit à tout instant s'ouvrir devant soi des horizons inconnus dont les bornes s'éloignent à mesure qu'on avance, et qui révèlent des points de vue ignorés. Aussi, n'est-il point d'étude, si abstraite qu'elle soit ou qu'elle puisse paraître, qui n'ait de fervents adeptes et ne soit la source de vives jouissances intellectuelles.

Malheureusement, l'homme est ainsi fait qu'il s'enthousiasme facilement de ce qu'il sait, et qu'il est trop souvent disposé à refuser aux travaux des autres l'importance et l'intérêt des siens. En s'exaltant pour les uns, on se passionne nécessairement quelque peu contre les autres, et on oublie ainsi que toutes les sciences sont comme les anneaux d'une

chaîne par laquelle la civilisation conduit l'huma-
nité au progrès et au bien.

Il faut donc apporter la plus grande réserve dans
des appréciations de cette nature, parceque pour
comparer deux objets on doit les examiner sous toutes leurs faces, et qu'il est difficile de connaître à
fond deux spécialités. Si l'on peut faire entre les
sciences quelques distinctions et rechercher des causes de préférence, ce ne peut être qu'au point de
vue de leur utilité pratique. C'est en eff t ce dont on
a le plus souvent besoin qu'on devrait le mieux connaître, car le jeu régulier des fonctions journalières
de la société est la première condition de l'ordre et
de l'harmonie générale.

Or, avant qu'il y eût des sciences, il y avait des
hommes, et dans la première famille commencèrent
à éclore ces rapports de personnes ou de choses autour desquels s'agitent les bonnes passions comme
les mauvaises. Livré à lui-même, l'homme se matérialise et s'avilit ; il a besoin d'être constamment
protégé contre l'emportement de son cœur ou la
faiblesse de sa raison, et s'il ne trouvait dans les
lois positives une digue à opposer aux envahisse-
ments de ses instincts, les lois naturelles s'efface-
raient de son cœur et seraient impuissantes à le
ramener au bien.

C'est pour cela que la législation est aussi ancienne que le monde ; c'est comme une émanation
de la divinité qui a laissé luire sur nous un rayon

de sa souveraine justice, sans lequel tout ne serait
que ruine et confusion.

On pourrait apprendre l'histoire de la civilisation à travers les âges, en étudiant les lois des
diverses nations qui ont continué de siècle en
siècle les traditions du progrès. On y verrait que
plus les lois furent parfaites, plus les peuples furent
heureux et s'avancèrent dans la voie de la perfection. Il n'en faut pour preuve que cet empire romain
péniblement sorti d'une obscure origine et dont le
développement atteignit un degré de puissance et de
majesté dont il est demeuré le seul exemple. Mais
c'est que chez nul autre peuple la science législative
ne fut cultivée avec plus de soin, ni surtout plus
respectée. Les lois étaient comme des monuments
qui demeuraient inébranlables au milieu des révo-
lutions politiques et des efforts des siècles, pour
montrer à la postérité la cause de la grandeur passée et le chemin de la gloire future. Jamais on n'osa
y porter la main dans les beaux temps de la république, et quand l'omnipotence impériale toucha à
cet édifice sacré, le germe de dissolution commença ; les liens qui unissaient cette immense nation
s'étant relâchés, elle expira lentement au milieu des
convulsions de la guerre civile.

Aussi, j'ai toujours considéré l'étude des lois
comme le plus noble et le plus important objet offert
aux méditations des hommes. Elle se rattache aux
sublimes notions de la philosophie comme aux recherches toujours si délicates sur le cœur humain,

car les meilleures lois sont celles qui s'assimilent le mieux à notre nature et à nos mœurs.

La préférence qu'elle m'inspire se justifiera surtout, si l'on veut bien considérer, dans un ordre d'idées moins élevées, l'immense intérêt que présente aujourd'hui l'application pratique des lois.

Les rapports entre les hommes se sont multipliés à l'infini. L'activité de la spéculation a envahi tous les rangs et confondu toutes les fortunes. Les conventions sont devenues aussi nombreuses que les pensées et chaque jour en voit surgir de nouvelles. Il n'est possible à personne de résister au torrent, et tout le monde se trouve mêlé à cette agitation publique, dans laquelle il faut souvent un pilote expérimenté pour ne pas faire naufrage. La fraude est en outre blottie à l'ombre de tous les contrats, cherchant à profiter du défaut de vigilance pour saisir une proie que la justice est trop souvent impuissante à lui arracher. C'est avec la connaissance des lois qu'on marche au milieu de ce tumulte, sans trouble et sans danger, que l'on conserve une fortune dont la possession est l'un des premiers éléments de bonheur ici-bas, et qu'on peut en faire plus tard une régulière distribution.

L'usage quotidien de la législation la recommande donc d'une manière spéciale à nos études, et, parmi les branches qui la composent, le droit fiscal n'est ni le moins important, ni le moins curieux à approfondir. Sans doute, il n'a pas cette utilité essentiellement directe des lois civiles, puisqu'il laisse

7

intact le principe de la validité des transactions, et ne sert qu'à règlementer la perception d'un impôt; mais cette perception est elle-même si fréquente, elle se produit sous des aspects si divers, qu'il n'est pas possible de trouver une matière plus usuelle et sur laquelle la jurisprudence se soit plus exercée.

Au point de vue scientifique, je n'hésite pas à penser qu'elle ne le cède point au droit civil. Elle lui emprunte d'abord toutes ses règles sur l'interprétation des conventions et la détermination juridique de la position des parties; puis, avec ces théories, viennent se combiner à chaque moment des principes d'économie politique dont la haute influence réagit sur le droit commun pour produire les plus intéressantes complications.

Il y aurait de fort belles recherches à faire sur la philosophie de cet impôt qui apprécie les diverses conventions humaines pour les frapper d'un droit plus ou moins élevé, selon qu'il convient à la société d'en arrêter le développement ou d'en favoriser l'extension. Car la tarification n'est point une simple mesure fiscale; rien n'a été plus sérieusement élaboré et ne porte plus la marque des leçons du temps. Les distinctions qu'elle présente et les gradations qui y sont établies révèlent une remarquable connaissance du droit, et forment un assemblage dont les parties sont si justement placées, que, malgré cette fièvre de rénovation qui a compromis les lois modernes, aucun changement n'a pu être fait aux principes fondamentaux de notre législation bursale.

M. Troplong, avec cette largeur de vue qui le caractérise et la magie d'un style dont il a seul le secret, a fort justement apprécié la nature du droit d'enregistrement :

« *La loi de l'enregistrement*, dit-il, *a cela d'atta-*
» *chant pour qui sait en étudier les ressorts, qu'elle*
» *place sur le champ l'esprit au milieu des difficultés*
» *les plus ardues de la jurisprudence. Quelque grande*
» *que soit une question en elle-même, il est rare*
» *qu'elle ne grandisse pas ici par quelque complication*
» *nouvelle. Le fisc fait parler ses priviléges, il insiste*
» *sur l'intérêt général dont il est le fidèle gardien ; il*
» *va découvrir, dans l'arsenal des lois spéciales, les*
» *exceptions qui limitent pour lui la loi habituelle.*
» *Alors, surgissent des aperçus inopinés ; les doctri-*
» *nes revêtent un caractère d'anomalie et d'origina-*
» *lité ; l'horizon des distinctions s'étend ; enfin, une*
» *science naît dans la science même, avec ses princi-*
» *pes propres, sa jurisprudence, ses antécédents et*
» *son histoire. Car elle aussi, elle a ses origines cu-*
» *rieuses qui pourraient donner matière à plusieurs*
» *beaux chapitres de notre histoire du droit français ;*
» *elle a ses vieux et glorieux interprètes, dont les livres,*
» *quoique oubliés à demi par un public léger, n'en*
» *contiennent pas moins des trésors pour la science*
» *et la raison.* »

Il y avait longtemps que l'avocat Laplace avait dit avant lui, dans son introduction au *Traité des droits seigneuriaux*, que cette législation « *avait sans*
» *contredit l'avantage d'être la plus curieuse et la plus*

» *intéressante partie du droit* » ( Paris , 1749).

On a beaucoup discuté sur la moralité de l'impôt de l'enregistrement. En rigoureuse justice, on ne peut refuser à l'Etat la faculté d'imposer à la convention qui prend naissance et vient se placer sous sa protection , une taxe qui est comme le sceau de sa naturalisation. Même, le droit d'enregistrement réalise autant qu'il est possible l'idée, si préconisée des économistes, de la proportionnalité des contributions publiques, puisqu'il augmente ou diminue selon l'importance des transmissions. Il a sans doute quelquefois des exigences rigoureuses, des allures vives et tranchantes, mais n'était-il pas utile de l'armer contre la fraude, cette perpétuelle ennemie du vrai, qui s'insinue partout où l'on peut mentir à la société et se soustraire à l'accomplissement loyal d'un devoir.

S'il pouvait même encourir un reproche, ce serait de n'avoir point fait assez contre elle. L'espoir de l'impunité encourage le vice. La facilité de se jouer des lois au moyen d'un mensonge, en fait une déplorable habitude qui n'alarme plus que les consciences timorées. Or, ces fraudes corrompent certainement la morale, quand on en voit surtout l'exemple chez ceux que la confiance du gouvernement a désignés aux parties pour le réglement de leurs intérêts et qui abusent ainsi de leur caractère. C'est de cette lutte constante de la vérité et de la fraude que surgissent les récriminations les plus amères contre la perception du droit ; mais dans le

camp de cette controverse, il n'est pas difficile à
l'esprit sérieux et honnête de choisir son drapeau.

La loi bursale n'est d'ailleurs pas si rigoureuse
qu'on le pense. Si vous avez deux moyens légitimes
de rédiger une convention, vous pouvez choisir
celle qui paie le moins d'impôt, lors même qu'elle
entraînerait dans une voie détournée. C'est un exemple que donna jadis le premier président de Mon-
tholon lui-même, et dont l'innocence fut solennel-
lement reconnue par le Parlement de Paris (Legrand,
Cout. de Troyes, p. 187-6). Seulement, après l'u-
sage vient l'abus, et quand le contrat n'apparaît
manifestement que comme le produit frauduleux
d'une série de manœuvres combinées pour tromper
l'Etat, l'Administration, qui défend ses intérêts, a
bien le droit de l'amener devant la justice, pour la
faire dépouiller du masque trompeur qui la recouvre.

C'est là, qu'on me permette de le dire, une véritable fonction de magistrature qui demande, pour
être dignement exercée, des études nombreuses
et les travaux les plus sérieux. Malgré la mo-
destie du rôle qui les dissimule dans la société,
les préposés de l'Enregistrement sont, par devoir
d'état, plus instruits et plus éclairés que beaucoup
de légistes. Dès leur début dans cette laborieuse
carrière, ils doivent se préparer par des études
fortes à la difficulté des appréciations juridiques.
« *C'est une jeunesse studieuse*, dit M. Demante, *que*
» *j'ai toujours rencontrée dans les premiers rangs*

» *des élèves des facultés de droit, et qui sert loyale-*
» *ment l'Etat en gagnant tous ses chevrons par le tra-*
» *vail* (Exposé raisonné des principes de l'Enre-
» gistrement). »

Il est regrettable de ne pas trouver encore dans l'Administration ce niveau de talent qui en ferait incontestablement le plus docte des corps, à l'égal de la magistrature ; mais les avantages que présente cette carrière, en présence des nécessités de la vie, sont assez bornés pour écarter de son sein beaucoup d'intelligences d'élite qui rencontrent dans les professions libérales des occasions plus nombreuses de fortune ou de réputation. « *Les préposés de l'Enre-*
» *gistrement*, dit M. Dalloz, *placés incessamment en*
» *présence des règles du droit commun, d'un grand*
» *nombre de lois spéciales, d'instructions et de solu-*
» *tions dont le chiffre s'élève à plusieurs milliers,*
» *obligés de se livrer à la combinaison laborieuse et*
» *subtile de ces immenses documents, doivent être à*
» *la fois des hommes instruits, exercés, et dignes, à*
» *un degré éminent, de la confiance des citoyens qui*
» *n'ont pas assez d'acquis ni de temps pour discuter*
» *leurs intérêts. Aussi convient-il de remarquer que*
» *c'est du sein des luttes fiscales, au temps où le droit*
» *égalitaire réagissait contre la féodalité, que sont*
» *sortis victorieux la plupart des principes protecteurs*
» *qui sont le fondement des lois qui nous gouvernent.*
» (Jurisp. génér., tome 21 , n.° 4).

La législation bursale a aujourd'hui l'importance d'une science parfaitement définie. Elle n'est pas,

plus que les autres parties du droit, à l'abri de
l'hésitation en présence d'une question neuve, parce
que tout ce qui est au jugement de l'homme est incertain ; mais les règles générales de la perception
sont constantes et uniformes. Leur application est
certainement remplie de difficultés et exige les connaissances les plus approfondies, mais il y a loin
de là à l'arbitraire dont quelques esprits ignorants
ou prévenus se plaisent à la qualifier.

Bien des gens, je ne parle pas ici des hommes
du monde auxquels il est permis de presque tout
ignorer, mais de ceux qui pensent et qui réfléchis-
sent, sont très embarrassés de s'expliquer une perception qui repose quelquefois sur les notions les
plus abstraites du droit. Au lieu d'avouer qu'ils ne
comprennent pas, ils préfèrent crier que la chose
n'est pas compréhensible, qu'elle est arbitraire.
Heureusement que le bon sens fait justice de ces
clameurs absurdes, et que l'expérience judiciaire
démontre que toute perception, si obscure qu'elle
paraisse d'abord, a toujours sa raison d'être.

Nous sommes aujourd'hui bien loin du temps où
les lois sur le contrôle et le centième denier étaient
comme un arcane mystérieux dont on pouvait tout
craindre, parce que les fermiers y commandaient
avec la hauteur d'un pouvoir souverain. A ce
moment là, il y avait certainement un arbitraire
effrayant dans la perception des droits, et cela vient
de ce que les traitants étaient intéressés à faire fruc-
tifier les produits, et que l'autorité judiciaire n'of-

frait pas toujours une protection sérieuse aux con-
tribuables. C'est pourquoi Montesquieu disait que :
« *l'impôt établi sur les diverses clauses des contrats*
» *civils était une mauvaise sorte d'impôt, parce que,*
» *pour se défendre du traitant, il fallait de grandes*
» *connaissances, ces choses étant sujettes à des discus-*
» *sions subtiles, et pour lors le traitant, interprète*
» *des règlements du prince, exerce un pouvoir arbi-*
» *traire sur les fortunes* (Esprit des lois, ch. 49,
» liv. 13). »

Malherbes disait la même chose, en 1775, dans
les remontrances qu'il fit au roi, au nom de la Cour
des Aides : « *Votre Majesté saura que tous les droits*
» *de contrôle, d'insinuation et de centième denier*
» *qui portent sur les actes passés entre les citoyens,*
» *s'arbitrent suivant la fantaisie des fermiers, souve-*
» *rains législateurs en cette matière, abus intolérable*
» *qui ne se serait jamais établi si ces droits étaient*
» *soumis à un tribunal, quel qu'il fût, car quand*
» *on a des juges, il faut bien avoir des lois fixes et*
» *certaines* (Laferrière, Cours de droit admininis-
» tratif, t. 2, p. 222). » Et les mêmes récriminations sont reproduites dans un ouvrage composé
sur l'invitation des Etats du Languedoc, en 1787,
par M. Dupin, directeur des domaines et ensuite
conseiller à la Cour de cassation.

Mais depuis l'époque où ces magistrats élevaient
ainsi leurs justes plaintes, la science a marché avec
le progrès; elle a dépouillé ce caractère d'absolu-
tisme et d'arbitraire qui l'exposait à la haine du

peuple ; l'Etat en a repris la direction, et la perception s'est réorganisée avec une merveilleuse harmonie. Il n'y a plus aujourd'hui ni fermier, ni fisc,
mais une Administration publique, grande et belle,
qui veille sans cesse pour protéger la fortune de tous
et alimenter le crédit de l'Etat. Ce qu'elle a recueilli
de l'ancien droit, c'est le principe seul de l'impôt ;
mais ses conséquences se sont transformées sous
l'influence des lois généreuses de la révolution.

L'origine du droit d'enregistrement n'a pas toujours été appréciée avec exactitude. Quand on veut
pénétrer dans les détours obscurs de nos origines
nationales, on y rencontre des idées si singulières
et si lointaines qu'il est facile de tomber dans la confusion. C'est ainsi qu'on voit presque tous les auteurs rechercher dans les droits seigneuriaux les
premières traces de l'impôt actuel, tandis que ces
droits, pur hommage de vassalité et de dépendance,
ont été à jamais bannis de nos lois par la révolution. Ils présentaient, il est vrai, quelques résultats
analogues avec le droit de transmission d'aujour-
d'hui, mais ce serait une grave erreur de ne pas les
en distinguer et de se laisser entraîner ainsi, comme
on l'a vu récemment, à des retours impossibles vers
l'ancienne législation.

Lorsque toute la puissance publique se résumait
en France sur la tête des seigneurs, ils paraissaient
concentrer en eux le droit de propriété des terres
soumises à leur juridiction. Comme suzerains
de tout le territoire, les rois semblaient en être

les seuls véritables propriétaires. Ils en firent à
leurs leudes de larges distributions, moyennant des
redevances destinées à témoigner de leur précarité ;
mais ces concessions avaient un caractère essentiellement révocable. Les alleux ou terres affranchies
de ces tributs étaient fort rares ; ils finirent même
par disparaître totalement, car à l'époque où la
puissance royale perdait un à un tous ses priviléges, elle chercha avec une jalouse persistance à
s'attirer des hommages de vassalité, qui, s'ils ne
présentaient aucun signe de bien grand pouvoir,
consacraient au moins le principe d'une dépendance
qu'il importait de ne pas laisser oublier. Or, ce que
le roi exigeait des seigneurs, ceux-ci le demandè-
rent aux vassaux, et ainsi se multiplièrent, comme
à plaisir, toutes ces causes de fructueux revenus.

Le plus ancien document qui nous révèle cette
théorie du droit de propriété, et la nature temporaire des concessions émanées du roi ou des seigneurs, est un capitulaire de Kiersy-sur-Oise, donné par Charles le Chauve, le 14 juin 877. Il permet
aux hoirs des vassaux de succéder aux fiefs, en
payant aux seigneurs le droit de *relief* ou de *saisine*.
Toute personne qui mourait était censée se dessai-
sir de ses biens au profit de son seigneur, et les héritiers reprenaient la propriété des mains de celui-
ci ( Delaurière, liv. 2, tit. 5, règle 1 ). « Le *relief*,
dit Coquille, *se dit comme si le fief était verse-à-terre*
» *faute d'héritier, qui dût être recueilli par le sei-*
» *gneur et relevé pour le remettre sus en son ancienne*

» *nature de fief* ( art. 1, liv. 4, Cout. du Nivernais ).»
C'est seulement alors que le tenancier obtenait le
*vest* ou l'*investiture* de ses biens.

Au moyen-âge nous rencontrons, en effet, pour
consacrer l'acquisition de la propriété, des formes
symboliques qui semblent être une réminiscence des
anciennes solennités de la mancipation romaine.
L'acquéreur se présentait avec son vendeur devant
des échevins assistés de témoins, et par des panto-
mimes dont la description se trouve dans les auteurs
du temps, ils figuraient la tradition de la chose
vendue ; puis ils allaient demander au seigneur la
consécration de ces rites ; l'acquéreur faisait hommage de tenancier en lui baisant les pieds, et s'en
retournait propriétaire ( Voyez M. Michelet, Origine
du droit français ; M. de Savigny, Hist. du moyen-
âge. t. 1, p. 148).

Il payait pour cela un droit fort différemment
qualifié. S'il s'agissait d'une terre de *roture* ou *cen-
sive*, la redevance recevait le nom de *lods et ventes*,
et cela venait, selon Pasquier, du mot *los*, volonté,
gré : « *pourquoi nous appelons payer los et ventes la*
» *reconnaissance qui se faisait par nous à notre sei-*
» *gneur direct et foncier par le gré et los duquel nous*
» *étions impatronisés et entrions en pleine saisine de*
» *la chose qui nous était vendue* » ( Recherches de
Pasquier, L. 2, ch. 16). Elle s'appelait rachat,
*réaccapitum*, pour les mutations de *fiefs*, comme si
le nouveau possesseur rachetait du seigneur la propriété qui lui était revenue (Guyot, 4-306 ; Pothier,

*Traité des fiefs;* p. 193-194.). Le rachat s'appelait aussi *quint,* dans quelques coutumes, parce qu'il s'y élevait au cinquième du revenu des biens.

Dans tous les cas, on désignait les *lods et ventes, le rachat ou quint,* sous le terme générique de *profit.*

Il est bien certain que les institutions de ce genre ont disparu de nos codes. Le droit de propriété ne remonte plus au souverain pour revenir, sous la forme de concessions temporaires, à chacun des milliers de propriétaires qui se divisent le sol. Cette idée n'a plus créance dans les esprits; elle avait fait illusion à quelques jurisconsultes dans le grave débat qui s'est élevé récemment au sujet du privilége du Trésor sur les biens d'une succession, pour le paiement des droits de mutation par décès, mais la Cour suprême, par quatre arrêts du 18 novembre 1854, précédés d'un rapport très remarquable de M. le conseiller Laborie, a fait bonne justice d'une semblable doctrine, qui n'est rien moins que le bouleversement des principes sur le droit de propriété, et le rétablissement, sous une autre forme, des droits féodaux.

Pendant que les seigneurs exploitaient ainsi à leur profit les transmissions de propriété, on vit poindre le germe d'un nouvel impôt, totalement étranger aux règles des droits de relief ou de profit.

Henry III, dans une ordonnance donnée à Blois en juin 1581, registrée au Parlement le 4 juillet suivant « considérant combien est louable et digne de » nostre grandeur de régler et remestre ce qui a été

» altéré tant en l'ordre de justice que de police,
» faire cesser les fraudes et faulsetez qui se com-
» mettent chacun jour par aucuns notaires de
» nostre royaume ès-actes qu'ils reçoivent, avec
» antidate et transposition de temps, avons par
» cestuy nostre édict statué et statuons...... que
» par quelque contrat que ce soit, vendition,
» échange, etc., ne pourra être acquise seigneurie,
» s'ils ne sont enregistrez dans les deux mois d'i-
» ceux, ès-registres qui seront ordonnez aux bail-
» lages, sénéchaussées et autres juridictions, et
» pour ce seront commis des contrerolleurs, dépu-
» tez pour cet effet, lesquels seront tenus de mettre
» au dos desdits contrats l'acte dudit enregistre-
» ment, faisant mention du jour et an et du feuil-
» let où ils auront été enregistrez...... auxquels
» offices de contrerolleurs seront pourvues de bons
» et notables personnages. »

La même règle fut appliquée aux exploits par un
édit de 1654, et aux actes de greffe en vertu d'une
déclaration de décembre 1699. Puis on l'étendit
aux actes sous seings-privés par l'édit du mois
d'octobre 1705, et de cette façon tous les contrats
se trouvèrent soumis au droit de contrôle.

Il faut le remarquer, c'est un principe essentiellement conservateur qui a donné naissance à cette
formalité ; le nouvel impôt était le salaire d'un service public, d'un acte de haute moralité. Seulement, quand le Trésor épuisé par les guerres éprouva
des besoins, on se servit du contrôle comme d'une

source de revenus, et la fiscalité de la mesure commença à prédominer.

On tendit alors à en appliquer le principe aux mutations de propriété qui se constataient souvent sans actes, en les forçant à se révéler aux yeux de tous dans les registres des baillages ou prévôtés, et à payer le prix de cette publicité. Les donations et les substitutions étaient depuis longtemps déjà soumises à cette obligation, seulement à cette époque elle n'avait encore rien de bursal et n'était destinée qu'à prévenir les fraudes envers les tiers (Ord. de 1530, 1566, 17 novembre 1690).

Mais quand un édit de 1703 eut créé les offices d'insinuations laïques, on fit percevoir un droit pour ces enregistrements, et on étendit considérablement le cercle des dispositions qui y étaient soumises.

Il ne restait plus guère ainsi à frapper de l'impôt que les mutations par décès et quelques transmissions à titre onéreux. Le même édit de 1703 y pourvut : « Attendu, porte-t-il, que rien n'est plus
» important pour la conservation de nos domaines
» et de ceux des seigneurs que d'avoir une connais-
» sance exacte de toutes les mutations qui arrivent
» dans l'étendue de nos mouvances, lesquelles doi-
» vent nous produire et à eux des droits seigneu-
» riaux dont nous sommes souvent privés ainsi
» qu'eux, voulons qu'à l'avenir tous contrats trans-
» latifs de propriété de biens immeubles soient in-
» sinués auxdits greffes moyennant le centième de-

» nier du prix desdits biens. Et voulons que les
» nouveaux possesseurs à titre successif soient te-
» nus de faire leurs déclarations dans les six mois
» du jour de l'ouverture des successions. »

Tels furent l'insinuation et le centième denier.

Ces institutions diffèrent donc essentiellement
des droits seigneuriaux. Les uns étaient le prix
d'une sorte de concession de propriété et comme
le symbole physique de la dépendance des terres ; les autres étaient le salaire d'une formalité
protectrice de la fortune de tous. « Le centième
» denier, disait M. Laborie devant la Cour de cas-
» sation dans le rapport que j'ai déjà cité, n'avait
» rien de féodal. Ce droit domanial était le prix de
» l'insinuation des actes, comme le droit de muta-
» tion est aujourd'hui le prix de leur enregistre-
» ment. Il est vrai qu'il fut établi pour aider à la
» perception des droits seigneuriaux ; et s'il n'avait
» eu d'autre objet, il n'eût été qu'un auxiliaire des
» droits de lods et vente ou de relief. Mais il fut
» généralisé de manière à perdre ce caractère par
» la déclaration du 20 mars 1708, art. 6, et devint
» applicable *encore qu'aucun desdits biens ne fut pas*
» *sujet à des lods et ventes et autres droits seigneu-*
» *riaux*. A la différence de ces divers droits sei-
» gneuriaux, le centième denier constituait un droit
» personnel. »

Au reste, ces impôts se cumulaient l'un avec l'autre, et même le droit de centième denier n'empêchait
pas que l'acte fût soumis au droit de contrôle, dans

le cas où il en était fait usage en justice. Un même acte pouvait payer les droits de profit, être contrôlé, puis insinué.

Quand toutes les institutions tombèrent devant la révolution de 1789, la chute du système féodal entraîna à jamais la ruine des droits seigneuriaux. Quant au centième denier, il ne constituait pas un droit réel, et son caractère d'impôt personnel le sauva.

La loi du 5-19 décembre 1790 reproduisit presque textuellement les anciens édits sur cette matière, sous le titre de *droits d'enregistrement*. Cette loi qui fut, dit-on, l'œuvre de Talleyrand, était généreuse comme toutes les idées du temps, et elle abandonnait à peu près l'exigibilité du droit à la conscience des redevables. C'était trop présumer de la loyauté des hommes, et l'énorme diminution qui se fit subitement dans les produits de l'impôt, en nécessita la réorganisation immédiate.

Alors apparut, après quelques tergiversations, la loi du 22 frimaire an VII qui continua les traditions de celles du 5-19 décembre 1790, mais devint plus sévère. Comme celle-ci, elle a reproduit les principes seuls du contrôle, de l'insinuation et du centième denier, sans accepter aucune des conséquences des droits féodaux. C'est ce que faisait observer avec raison M. Duchâtel, en présentant la loi au conseil des Cinq-Cents, le 6 fructidor an VI. « Représentants, disait-il, vous savez que » les droits d'enregistrement sont au rang des plus

» importantes ressources de la République. Ces
» droits, substitués à ceux du contrôle, de l'insi-
» nuation, du centième denier, des greffes, petit
» scel et droits réservés, furent créés par la loi du
» 19 décembre 1790. »

C'est la remarque que fait aussi Merlin, dans son Répertoire, V°. Remploi, n.° 9.

Aussi, n'hésité-je pas à considérer comme une erreur fort grave cette doctrine de M. Dalloz qui enseigne que l'insinuation et le centième denier ont leur origine dans les droits de *lods et ventes*, *rachat et relief*, et même, dans ce qu'elle a d'exclusif, celle de M. Troplong, selon lequel « le droit d'enregistre-
» ment serait une redevance féodale confisquée au
» profit de l'Etat par le génie inventif des financiers
» de la Révolution. »

Cette remarque n'a pas un pur intérêt historique.

En effet, la perception des droits seigneuriaux a exercé la sagacité des anciens jurisconsultes, et il s'est accumulé sur cette matière une foule d'écrits où l'on rencontre des solutions nombreuses sur les droits de mutation. Or, on risque fort de s'égarer, si l'on veut appliquer la doctrine des feudistes à une institution radicalement différente de celle pour laquelle ils ont écrit. Nous devrons donc prendre avec une réserve extrême cette idée de MM. Championnière et Rigaud (tome 1, n.° 19), que l'étude des anciens auteurs doit être d'un grand secours pour la perception, et qu'il est difficile de résoudre sûrement une question de mutation, sans

8

s'appuyer sur des principes posés par Dumoulin, dans son *Traité des fiefs et des censives*, ou par d'Argentré, son émule. M. Demante me paraît avoir beaucoup mieux saisi l'esprit de la législation, quand il recommande de n'invoquer au contraire ces autorités qu'avec le plus grand discernement. « Il faut, dit-il, tenir grand compte du changement » radical opéré dans la constitution de la société » par l'abolition de la féodalité. Les lods et ventes » et autres profits casuels des seigneurs pouvaient » être considérés comme une émanation du droit » de propriété ; l'impôt de l'enregistrement est une » émanation pure et simple du droit de souverai- » neté. »

La loi du 22 frimaire an vii forme aujourd'hui encore le code de la matière. C'est une loi simple qui peut, a-t-on dit souvent, se placer sans désavantage auprès de nos plus beaux monuments législatifs ; on y trouve moins d'anomalies et moins de lacunes que dans aucun chapitre du Code Napoléon (1) ; si sa concision nuit quelquefois à sa clarté, c'est que dans une matière aussi grosse de difficultés, il fallait surtout éviter de s'engager trop avant, et il suffisait de poser les principes, en laissant à la jurisprudence le soin d'en tirer les conséquences.

Aucune loi ne pourrait donner lieu à de plus intéressants commentaires. Elle a inspiré à MM. Cham-

(1) Champ. et Rig., t. 1, Introd.

pionnière et Rigaud une œuvre de premier mérite
qui se range, sans conteste, à côté des meilleurs
écrits sur le droit, et où l'on regrette seulement de
rencontrer quelquefois une ardeur qui méconnaît,
pour des idés trop généreuses, les principes de l'é-
conomie bursale.

Elle a produit deux des plus remarquables volu-
mes du *Répertoire général* de M. Dalloz (tome 21 et
22), et dans un traité succinct, mais plein de faits
et d'idées, M. le professeur Demante a montré combien cette science est digne de l'étude des jurisconsultes. (Exposé rais. des principes de l'Enreg'.)

Un auteur moderne, sorti des rangs de l'Administration, aussi profond légiste qu'élégant écrivain,
a doté récemment le droit fiscal d'un ouvrage très
remarquable. Résumant avec un rare bonheur et
une lucidité parfaite les opinions des anciens auteurs et de la jurisprudence moderne, il a débrouillé
le chaos d'une doctrine que ses devanciers avaient
souvent laissée obscure, et ses travaux ont fait faire
à la science un progrès qu'elle attendait depuis
longtemps. Au reste, la critique a depuis longtemps
apprécié le *Répertoire* de M. Garnier, et le succès
de son livre, qu'on rencontre aujourd'hui dans
toutes les mains, est le meilleur témoignage de son
mérite.

La matière est cependant loin d'être encore épui-
sée. Il n'est donné sans doute qu'aux esprits privi-
légiés d'entreprendre, comme ces auteurs, la rude
et pénible tâche d'un traité doctrinal sur toutes les

parties du droit. Une semblable conception a quelque chose de gigantesque qui effraie Mais il serait possible de voir paraître plus souvent des monographies dans lesquelles on spécialiserait des questions, pour en faire l'objet d'un examen critique approfondi.

C'est dans ce sens que j'ai essayé de faire une courte étude sur la novation. Il est peu de sujets qui se rattachent plus aux questions usuelles et aux différentes parties du droit. Je me suis appliqué surtout à mettre les principes en saillie, sachant très bien que quand la règle est une fois dégagée des nombreuses exceptions qui souvent l'absorbent, ce n'est plus qu'un travail agréable et facile de grouper autour d'elle ses applications à des hypothèses dont la pratique donne journellement l'exemple, et qu'il serait puéril de chercher à prévoir.

Le cadre restreint de mon travail ne me permettant pas d'exposer les principes du droit civil en cette matière, je me suis borné à la discussion de la législation fiscale. Je ne m'occuperai d'ailleurs que de la novation proprement dite, et je laisserai de côté tout ce qui concerne la délégation.

# CHAPITRE PREMIER.

## NATURE DE LA NOVATION.

### SOMMAIRE :

1. Définition de la novation.
2. Elle comprend deux obligations, mais l'une d'elles doit seule payer le droit d'enregistrement.
3. C'est la seconde obligation qui est la convention principale.
4. L'extinction de la première dette est affranchie du droit.

I. La novation consiste dans la substitution d'une obligation à une autre qui se trouve éteinte. Cette définition est celle de la loi romaine : *Novatio est prioris debiti in aliam obligationem transfusio atque translatio*, (Loi 1, D. liv. 46 tit. 2).

Le contrat de novation renferme toujours deux conventions qui sont la condition l'une de l'autre ; la première d'éteindre l'obligation préexistante et la seconde d'en créer une nouvelle. Il est d'abord indispensable qu'il y ait une première obligation, et si elle n'existait pas ou se trouvait entachée de nullité, le contrat n'aurait plus de raison d'être, puisqu'il n'y aurait pas de dette à éteindre. La nouvelle obligation, dit M. Taulier, disparaît devant le néant de la première. (Théorie du C. N. vol. 4, p. 397). De même si le second engagement était nul, les parties chercheraient en vain à le substituer au premier, l'extinction resterait sans cause.

II. Quand la novation est régulière et complète, elle renferme donc essentiellement ces deux faits : *extinction d'une dette, création d'une obligation*. Or, deux conventions, séparément considérées, donnent chacune une cause différente à la perception du droit proportionnel d'enregistrement. Toutes deux, en effet, contiennent cette mutation de valeurs que l'art. 4 de la loi du 22 frimaire an VII frappe de de l'impôt, l'une parceque la somme ou le droit qui la représente, quitte le débiteur pour retourner au créancier, l'autre parceque la créance abandonne son propriétaire afin d'aller reposer sur la tête d'une autre personne.

Mais ces deux conventions, d'une nature si opposée, et dont l'analyse juridique distingue si complètement le caractère, sont cependant inséparables au point de vue du résultat qu'elles produisent dans le contrat de novation. Ce sont, si l'on veut me permettre la figure, les deux colonnes d'un édifice qui s'écroule, si l'une d'elles tombe en ruine.

Cette position produit quelque embarras.

En effet, si la convention qui résulte des deux stipulations différentes est réellement unique, il est de toute justice qu'elle n'acquitte qu'un seul impôt. C'est un principe bursal posé dans les art. 10 et 11 de la loi du 22 frimaire an VII. Or, la novation n'ayant pas été spécialement tarifée, on ne peut que la soumettre aux droits applicables à celle des deux obligations qui domine l'autre, et forme l'objet principal du contrat.

III. Le Code semblerait faire penser que l'extinction de la dette, et par conséquent la libération du débiteur est la partie essentielle de l'acte, puisque la novation est rangée dans le chapitre relatif à l'extinction des obligations. Cependant, il n'est pas douteux que les parties ont eu surtout pour but de créer une obligation. L'anéantissement de la première dette n'est qu'une conséquence de l'opération, un résultat, nécessaire il est vrai, mais uniquement déterminé par la création de l'engagement nouveau. Pothier, dans son traité des obligations, n.° 581, l'indique en ces termes : « *L'an-*
» *cienne dette est éteinte par la nouvelle qui est con-*
» *tractée à sa place*, c'est pourquoi *la novation est*
» *comptée parmi les manières dont s'éteignent les*
» *obligations.* »

La convention principale est donc ici la création du nouvel engagement ; aussi elle seule sera passible de l'impôt.

Je suppose assez généralement, dans le cours de cette étude et pour la plus grande clarté des explications, qu'il s'agit, dans la novation, des obligations de sommes tarifées au droit de 1 p. 0/0 par l'art. 69 § 3, n.° 3 de la loi du 22 frimaire an vii. On conçoit que s'il était question d'une transmission de meubles ou d'immeubles, ou de toute autre obligation, le droit d'enregistrement suivrait la quotité applicable à chaque espèce de convention.

IV. La libération du débiteur se trouve affranchie du droit d'enregistrement par la perception établie sur l'autre convention du contrat, d'après le principe : *non bis in idem*. Il n'y a pas même à examiner si cette première obligation a été enregistrée. En effet, elle a cessé de vivre au moment où l'impôt voudrait la saisir; l'acte qui mentionne son existence passée n'en forme plus le titre, et la base manque à la perception.

A ce principe il y a cependant des exceptions, car certaines conventions doivent payer l'impôt par cela seul qu'elles ont existé à un moment quelconque, encore bien qu'elles aient disparu à l'époque où leur passé se révèle. Je veux parler des mutations assujetties à l'enregistrement dans un délai déterminé, comme les ventes d'immeubles; mais la sévérité de la loi s'arrête à ces transmissions, et laisse à la règle son application entière aux autres contrats.

# CHAPITRE II.

### DE L'INTENTION DE NOVER.

— —

## SECTION PREMIÈRE.

### *Il faut que la volonté de nover soit claire.*

#### SOMMAIRE :

5. Comment la volonté de nover doit être exprimée.
6. L'*animus novandi,* en droit fiscal, se détermine par les règles du droit civil.
7. On peut nover une obligation par une autre obligation absolument semblable. Erreur de Pothier.
8. Exemple.
9. La novation a lieu quelquefois malgré une protestation contraire.
10. L'intention de nover résulte de l'incompatibilité des deux obligations.

V. Pour que la novation existe, il faut que les parties manifestent clairement leur volonté de substituer une dette à une autre. Il y a, en effet, bien des conventions qui présentent avec la novation une analogie presque complète, et on s'exposerait fort à les confondre, si on ne trouvait dans l'une d'elles un signe caractéristique de sa personnalité. Or, la loi a imposé de préférence à la novation la nécessité de cet individualisme, parce qu'elle a des résultats très graves, et qu'il importe dès lors de ne point s'égarer sur la preuve de son existence.

*La novation*, dit l'art. 1271 du Code Napoléon, *ne se présume pas; il faut que la volonté de l'opérer résulte clairement de l'acte.*

Je ne m'arrêterai pas à développer les divers systèmes qui se sont succédé dans les temps anciens pour reconnaître et constater l'*animus novandi*. Cette dissertation m'écarterait de mon sujet, et l'on peut recourir d'ailleurs à mes explications sur le droit romain, n.ᵒˢ 39 et suivants.

Le Code exige que l'intention de nover soit claire, mais il n'a tracé aucune règle pour déterminer quelle est cette clarté dont il parle, et il reste un peu d'arbitraire sur la question; car, comme l'a dit un auteur moderne, ce qui paraît clair à l'un ne l'est pas toujours aux yeux d'un autre, parce que les esprits sont différents.

VI. Cependant, comme la loi fiscale laisse aussi le percepteur sans guide, il faut absolument qu'il recoure aux principes du droit civil pour découvrir la volonté des parties. Ce sera le cas d'apprécier toutes les circonstances de l'acte, de les combiner entre elles pour en faire jaillir avec évidence la volonté de nover. Il ne suffit pas que cette volonté soit probable : il faut qu'elle soit certaine, qu'il n'y ait aucun doute sur son existence; et si, par exemple, l'une des parties croyait obscur ce que l'autre trouve manifeste, ce serait naturellement aux tribunaux à

décider, parce qu'ils représentent la société, et que
généralement leur interprétation est souveraine sur
ce point. (Cassation du 22 juin 1841, 19 août 1844;
Devilleneuve, 1845, 2-40; 16 mars 1857, n.° 944,
Rép. périod. de M. Garnier. Voyez les arrêts cités
au Code annoté de Sirey, art. 1271 ).

VII. Il peut être délicat de déterminer si l'intention des parties suffit pour opérer la novation,
encore que la seconde obligation soit identiquement
semblable à la première.

Pothier ne le pense pas. « Lorsqu'il se fait, dit-
» il, une nouvelle convention entre le créancier et
» le même débiteur, sans l'intervention d'aucune
» personne nouvelle, quoiqu'il soit expressément
» déclaré par l'acte qui contient le nouvel engage-
» ment que les parties entendent faire novation, il
» faut, pour que cette novation soit valable,
» que cet acte contienne quelque chose de différent
» de la première obligation qui a été contractée.
» ( Des oblig., n.° 596 ) »

Quel que soit le respect avec lequel on doive accepter les opinions d'un aussi grand jurisconsulte,
j'ose avouer que je ne puis être de son avis.

Quand les parties ont formellement déclaré leur
intention de vouloir éteindre telle obligation pour y
substituer telle autre de même importance et tout à
fait semblable, pour quel motif s'opposerait-on à
l'accomplissement de cette intention qui n'a rien
d'immoral ni d'impossible? S'il est vrai que les con-

ventions s'exécutent chez nous avec bonne foi, il me
semble que c'est le cas de reconnaître la validité de
celle-ci. Sans doute, on n'aperçoit pas trop le motif
qui a poussé les parties au contrat, mais qu'importe? ce n'est pas le *motif*, c'est la *cause* d'une convention que la loi envisage pour l'accepter ou la repousser. Or, la cause existe toujours dans un contrat synallagmatique comme la novation, puisqu'elle
consiste, pour l'obligation de chaque partie, dans
l'engagement réciproque de l'autre. D'ailleurs, il est
impossible de déclarer *a priori* que la convention
n'a pas de motif. Il est plus que certain, au contraire, qu'il en existe un; car pourquoi les parties
auraient-elles fait un nouveau contrat? C'est peut-
être pour éteindre une garantie, arrêter des intérêts,
en un mot pour apporter à la position des choses
une modification que rien n'oblige à révéler dans le
contrat. Mais quand la novation n'aurait pour résultat que de créer une obligation d'une date moins
ancienne, est-ce qu'il n'y a pas dans la priorité du
temps des questions souvent très intéressantes et
très graves? Il suffirait, dites-vous, de faire un titre
nouvel; mais depuis quand la loi enchaîne-t-elle
ainsi la volonté humaine, et ne m'est-il pas permis,
pour éviter de conserver mon titre primitif, de remplacer l'obligation elle-même?

Je ne crois donc pas que l'opinion de notre illustre
auteur puisse se soutenir aujourd'hui. Elle s'ap-
puyait sur des traditions romaines qui pouvaient
être très exactes au temps des jurisconsultes du *Di-*

*reste*, mais que les idées modernes sur la novation ∴ndent complètement inapplicables aux principes nouveaux. (*Vide suprà*, 55 et 77.)

VIII. Ainsi, si je vous dois 1,000 francs en vertu d'un acte sous seings privés enregistré, et que postérieurement nous déclarions vouloir nover cette dette et la remplacer par une obligation notariée, ou même encore sous seings privés, de même somme, le droit proportionnel de 1 pour cent devra être perçu sur ce nouveau contrat. Il n'y a pas ici, en effet, un simple changement de forme, mais une substitution radicale d'obligation, et la déclaration formelle de nover n'est point une clause de style que l'on puisse impunément omettre. comme inutile. (Contrà. M. Garnier, Rép. gén., n.° 8938.)

IX. Cependant, si cette déclaration était manifestement contraire aux faits, et résistait au sens général de l'acte, il n'y faudrait point avoir égard. Je suppose qu'après avoir éteint une première obligation, les parties en créent une autre à sa place, puis indiquent que cette opération a eu lieu sans intention de nover, il est par trop évident que cette protestation ne peut rien contre les faits, et n'empêchera pas l'effet nécessaire et essentiel de l'acte. (Pothier, *des oblig.*, n.° 595.)

X. De même, encore que les parties n'aient point exprimé leur volonté, la novation n'en existera pas moins, si les deux obligations sont telles qu'elles ne puissent subsister ensemble toutes deux, et que la seconde anéantisse la première. *Duo répugnantia simul stare non possunt.* ( Menochius, *de Præsumpt.*, liv. 3-134, n.° 141 à 143, Suprà, n.°⁵ 46, etc.)

## SECTION II.

*L'intention de nover résulte de l'incompatibilité*

*des deux obligations.*

XI. Les auteurs modernes, suivant en cela les traces des jurisconsultes romains, citent comme exemple d'obligations incompatibles dont la dernière nove l'autre, un dépôt converti en prêt ou réciproquement.

En droit civil, la question ne fait pas doute, mais il y a quelques difficultés pour justifier, en droit fiscal et dans certaines hypothèses, la perception du droit proportionnel d'obligation.

La loi du 22 frimaire an VII, art. 69 § 3, n.° 3 assujettit au droit de 1 0/0 les dépôts de sommes chez les particuliers. Cette tarification sort tout à fait de l'esprit général de la loi bursale. Le droit proportionnel n'atteint, en effet, que les transmissions de propriété, usufruit ou jouissance de biens meubles ou immeubles, ( art. 4 ); or, l'idée de dépôt exclut entièrement celle d'une mutation de valeurs, puisque le déposant reste propriétaire, et peut réclamer, quand il veut, l'objet confié à la garde du dépositaire (art. 1915 et 1944, C. N.). En bonne logique, ce contrat n'aurait donc dû payer que le droit fixe, mais l'introduction d'un tel principe aurait eu un résultat déplorable pour l'économie bursale.

En effet, les lois d'impôt sont toujours difficilement reçues. Tout en reconnaissant qu'elles sont comme les veines où s'établit cette puissante circulation d'où résultent la santé et la vie, chacun cherche à en rejeter le fardeau sur les autres, et les meilleurs esprits ne sont pas à l'abri de ces habitudes de mesquines combinaisons où la subtilité escamote la loi. On veut bien profiter de la protection de l'Etat, on l'invoque à chaque instant; mais faut-il lui payer quelque rémunération, on crie à la fiscalité, aux exigences gouvernementales, et l'on se croit réellement très supérieur quand on a manqué habilement à l'une des premières clauses du contrat social. La fraude à l'impôt est une plaie que l'on ne peut guérir, car entre sa conscience et son intérêt l'homme sacrifie souvent la première ; mais il faut du moins en arrêter l'envahissement, et voilà pourquoi la législation s'est armée de préservatifs puissants.

Ainsi, tarifez au droit fixe les contrats par lesquels un individu dépose chez un autre une somme d'argent? à l'instant toutes les obligations de sommes se transformeront en dépôts : rien n'est plus facile assurément, car les deux conventions ont une analogie presque complète et il suffit, en général, de dissimuler quelque stipulation accessoire pour les rendre semblables. L'impôt sera donc totalement éludé. Pour fermer la porte à cet abus, la loi a pris une mesure peut-être un peu sévère, et quelquefois injuste, en frappant du même droit que les obligations les dépôts de sommes chez les particuliers.

XII. Que si après avoir ainsi payé le droit de 1 0/0 à raison d'un simple dépôt, les parties le convertissent en prêt véritable, est-ce que cette convention doit être exempte du droit proportionnel ? On pourrait dire que le dépôt ayant été, dans l'origine, considéré comme une obligation cachée, la nouvelle stipulation n'a pour effet que de le rendre patent, que dès lors la convention ne change pas de nature en matière fiscale et que le second contrat est seulement passible d'un droit fixe, puisque le droit proportionnel a été perçu par anticipation.

Ce raisonnement ne manque pas de force, mais il n'est pas en harmonie avec les principes. En matière d'impôt, tout est de droit étroit. La difficulté que l'on éprouve à assurer à la loi son exécution véritable ne permet pas de raisonnements par analogie, d'imputations équitables ou de tempéraments de faveur. L'application du tarif est rigoureuse,

9

presque mathématique. Or, si vous changez la nature de votre convention, si d'un dépôt vous faites
un prêt ou réciproquement, il est vrai de dire qu'il
naît, pour la perception aussi bien que pour le
droit civil, une nouvelle convention différente de la
première et qui doit privativement son impôt. Le
Receveur avait perçu 1 0/0 pour *dépôt de sommes*,
il percevra encore 1 0/0 pour *obligation*; les deux
conventions ne se confondent pas et toutes deux
sont séparément tarifées.

L'opinion contraire de MM. Championnière et
Rigaud a été combattue avec succès par M. Dalloz,
n.° 1591, et par M. Garnier, n.° 8941 R. G.

XIII. Il n'en est plus ainsi d'ailleurs quand il s'agit
des dépôts de sommes chez les officiers publics.
En présence du caractère de ces personnes, et de la
confiance qu'elle accorde à leurs actes, la loi n'a
pas cru devoir suspecter leur déclaration, et elle
tarife au droit fixe les dépôts dont il s'agit.
(L. 22 frimaire an vii, art. 68 § 1, n.° 27). Leur
conversion en prêt donne donc sans discussion possible, ouverture à un droit de 1 0/0, et dans l'hypothèse inverse c'est le droit fixe seul qui sera
perçu.

XIV. Une exception de même nature a été créée
par la loi du 18 décembre 1830, qui soumet les
prêts sur dépôts de marchandises ou d'actions à
un simple droit de 2 fr. (Inst. 1332). Mais leur

conversion en prêt ordinaire donne lieu à la perception du droit proportionnel; ainsi que l'a très
lucidement établi la Cour suprême dans un arrêt de
cassation du 14 janvier 1852. « Ces conversions,
» porte l'arrêt, ne peuvent être considérées comme
» le complément ou l'exécution du premier con-
» trat; elles constatent au contraire que ce contrat
» a cessé d'exister par le retrait des actions dépo-
» sées en nantissement; il en résulte qu'à une obli-
» gation pour prêt sur dépôt d'actions s'est trouvée
» substituée une obligation pour prêt pur et sim-
» ple, obligation nouvelle passible du droit spécial
» auquel elle est soumise par sa nature, droit
» indépendant du droit fixe régulièrement perçu
» sur un contrat d'une nature différente ( Inst. 1920
» § 2 ). »

XV. Il arrive souvent, dit Toullier, que des
créanciers opposants, pour empêcher la consigna-
tion, consentent que les deniers formant le prix de
la vente d'un immeuble demeurent en dépôt entre
les mains de l'acquéreur et sans intérêts. Il n'est
pas même nécessaire qu'il soit dit expressément que
l'acquéreur est constitué dépositaire, il suffit que
cela résulte des termes et circonstances de la convention. C'est ainsi que la Cour de Paris, par arrêt
du 16 thermidor an XII, confirmé en cassation
le 1.er septembre 1806, a jugé qu'il y avait conversion de prix en dépôt, et conséquemment novation,
quand les créanciers du vendeur et celui-ci conve-
naient avec l'acquéreur qu'il conserverait le prix

exigible et le représenterait à première réquisition ,
(Sirey, 1807-I-46 ).

Or, dans cette opération, la dette change de
cause, ce n'est plus comme prix de vente que l'acquéreur doit la somme laissée entre ses mains , et
l'on conçoit tout l'intérêt qu'il peut avoir à éteindre
ainsi le privilége de vendeur. S'il est débiteur de la
même somme , c'est par l'effet d'une nouvelle obligation qui s'est substituée à la première et devient
passible d'un droit proportionnel.

Tout en professant cette doctrine, MM. Champ.
et Rig. enseignent cependant ( n.° 979) que si le dépôt était fait par les créanciers seuls , il ne serait
dû qu'un droit fixe, parce que la perception du
droit proportionnel, étant basée sur ce que le dépôt
est un prêt déguisé, manque de cause quand il devient certain , comme dans l'espèce, que le dépôt
ne cache pas un prêt. Nous avons réfuté ci-dessus
l'erreur de cette idée, et nous n'y reviendrons pas.

XVI. Si le prix d'une vente reste entre les mains
de l'acquéreur à titre de prêt, le droit est également
dû. On ne voit guère d'abord l'utilité d'une pareille
convention , puisque dans les deux cas le débiteur
paie des intérêts, mais il faut remarquer que les
moyens d'exécution diffèrent pour chaque hypothèse.

L'*actio venditi* entraîne avec elle un cortége de
garanties spéciales fort gênantes pour l'acquéreur
et dont il peut désirer s'affranchir ; telles sont le
privilége et l'action résolutoire.

Le simple *mutuum*, au contraire, ne reçoit d'autres sûretés que celles résultant des stipulations de l'acte. La différence de ces deux sortes d'engagements les rend donc suffisamment incompatibles pour que la novation résulte de leur mutuelle substitution. C'est pourquoi, si j'achète une terre moyennant 1,000 francs et qu'il soit clairement établi, même dans l'acte de vente, que je conserve le prix à titre d'emprunt, il sera dû un droit d'obligation indépendamment du droit de transmission immobilière. L'art. 10 de la loi du 22 frimaire an vii qui exempte du droit proportionnel l'obligation, contenue dans l'acte d'aliénation, de payer le prix de la vente, ne s'applique qu'au cas ordinaire où ce prix n'est pas nové, parce qu'alors l'obligation de l'acquéreur est une conséquence nécessaire de l'acquisition, tandis que sa conversion en prêt forme une disposition indépendante dans le sens de l'art. 11 de la même loi.

XVII. Il y a encore incompatibilité entre le mandat et le prêt. Si après vous avoir chargé du recouvrement d'une somme, je consens à vous la prêter, la cause de l'engagement est changée, *mutata est causa obligationis*, et la création de la seconde dette donne lieu à la perception du droit proportionnel.

Ce principe a été appliqué par la Cour régularisatrice, le 16 juillet 1855, dans une espèce où le mari recevait de sa femme, à titre de prêt, des sommes qu'il avait recouvrées en qualité d'administrateur légal de ses biens paraphernaux. Elle a décidé « que la reconnaissance de ce prêt contenait, » de la part du mari , une obligation nouvelle indé- » pendante des obligations auxquelles il pouvait » être tenu en qualité de mari ; que dès-lors elle » devenait passible du droit auquel sont assujetties » les reconnaissances des sommes ou valeurs. ( Inst. » 2,054 , § 8.) »

A cette matière se rattache celle des arrêtés de compte dont l'explication nécessite quelques déve-loppements.

## SECTION III.

### *Des arrêtés de compte.*

XVIII. Le compte est un état de recettes et dépenses destiné à établir la situation du rendant comme créancier ou débiteur de celui auquel le compte est présenté.

L'arrêté est la déclaration par laquelle les parties reconnaissent l'exactitude du compte. C'est l'arrêté seul qui constitue la reconnaissance de l'obligation dont le compte présente les éléments, et c'est pour cela que la loi du 22 frimaire an vii l'a tarifé seul au droit de 1 pour cent (art. 69, § 3, n.° 3); le compte demeurant passible d'un droit fixe comme projet de contrat.

A la suite d'un arrêté de compte, il peut se produire trois résultats dont les conséquences sont différentes pour la perception.

1.° Les recettes et dépenses se balancent et les parties sont réciproquement libérées;

2.° Les dépenses excèdent les recettes et l'oyant est constitué débiteur;

3.° Les recettes excèdent les dépenses, et c'est alors le rendant qui doit le reliquat.

Les premier et second points sortant de la matière que je traite, je me bornerai à examiner le dernier.

XIX. « Quand le compte est arrêté, porte une » décision ministérielle du 10 décembre 1827, le » mandat du rendant expire, et si la balance pré- » sente un excédant des recettes sur les dépenses, » la dernière période de la gestion est le paiement » que doit en faire le mandataire. Si donc celui » dont l'administration cesse ne paie pas le reli- » quat, il ne peut plus le conserver qu'à titre de » débiteur; dès-lors c'est une obligation ordinaire » qu'il contracte, et cette obligation donne incon- » testablement ouverture au droit proportionnel. » ( Inst. gén. n.° 1236, § 2. ) »

Les motifs de cette décision pourraient induire en erreur sur le principe qui rend le droit exigible. De ce qu'un mandataire ne paie pas immédiatement le reliquat de son compte, mais au contraire prend terme pour se libérer et ajoute à son obligation des stipulations d'intérêts ou une dation d'hypothèque, il ne s'ensuit pas qu'il substitue une nouvelle obli-gation à sa dette antérieure. La novation ne résulte pas, en effet, d'une simple prorogation de délai ni d'une affectation hypothécaire, et, pour qu'elle existe, il faut, ou que la reconnaissance postérieure soit réellement incompatible avec la précédente, ou que l'intention de nover soit clairement manifestée. Or, rien de semblable ne se rencontre dans l'obliga-tion du mandataire. C'est la même dette qui subsiste, c'est toujours le reliquat qu'il doit payer, mais, et voici l'essentiel, l'arrêté de compte crée au profit du mandant un titre civil de l'obligation du rendant compte. Ce titre constate avec certitude l'existence d'une créance jusqu'alors douteuse, il produit des effets qui lui sont propres, reçoit des garanties spé-ciales, se présente enfin avec une individualité et une indépendance parfaites. Ces caractères suffisent pour déterminer la perception (*infrà*, n.° 88, etc.) L'existence de la novation est donc sans influence sur l'exigibilité du droit proportionnel dans cette circons-tance.

Dans cet ordre d'idées, ont été rendues les déci-sions suivantes :

Si le tuteur d'un interdit est autorisé à garder le reliquat de son compte, à charge de le faire inscrire sur ses immeubles : il est dû 1 pour cent. (Cassa-tion du 13 novembre 1820, 6896, J. E.)

Si le père, tuteur de son fils, reconnaît lui devoir le reliquat de son compte, et le conserve entre
ses mains jusqu'à ce qu'il en ait fait emploi, le droit
d'obligation est exigible. (Jugem. Versailles, 21 mars
1833, 10677. J. E. — Voyez dans le même sens,
Montauban 19 avril 1846, cont. 7694, et Strasbourg
jugem. du 15 avril 1823. Dalloz 1188.)

XX. M. Dalloz oppose à ces décisions l'autorité
d'une solution de l'Administration du 10 novembre
1846, rendue dans un cas où le tuteur d'une future,
encore mineure, se reconnaissait débiteur de 60
mille francs, montant approximatif d'un reliquat
de compte de tutelle non apuré, avec offre par ce
tuteur de garder la somme pendant quelque temps
encore avec intérêts. L'Administration fit restituer le
droit d'obligation perçu sur le reliquat du compte;
mais M. Garnier a fait remarquer avec beaucoup de
raison que les motifs de cette solution se retournent
contre ceux qui l'invoquent. Ce n'est pas, en effet,
parce qu'il ne s'opérait aucune novation ni que le
titre de la dette était dans la qualité de tuteur que
le remboursement a eu lieu, mais selon les termes
de la solution « qu'il n'y avait de la part du tu-
» teur qu'une simple proposition qui n'établissait,
» à défaut d'acceptation, aucun lien de droit entre
» les parties. (3424 R. gén.) » D'où il suit, *a con-
trario*, que le droit eût été conservé si la pollicita-
tion s'était changée en contrat.

XXI. La novation n'est pas toujours indifférente

pour cela à la perception du droit. Il peut être quelquefois très difficile d'apprécier si l'arrêté de compte forme véritablement *titre* dans le sens de la loi, surtout quand les créances qu'il constate reposent sur des actes enregistrés. Comme l'existence de la dette est déjà reconnue et que l'impôt a été payé pour elle, on pourrait craindre de faire un double emploi en frappant encore l'acte d'un second droit proportionnel, et nous verrons tout à l'heure combien cette appréciation a soulevé d'embarras. Mais du moment que la novation existe, toutes les hésitations disparaissent, et ce droit est dû quelle que soit la cause du reliquat.

XXII. Mais quand l'arrêté de compte ne contient pas de novation et que la dette a son origine dans un acte antérieur enregistré, c'est une question fort controversée et très délicate, en effet, de savoir si le droit proportionnel est exigible.

Ainsi : Pierre a reçu de Paul le mandat de recouvrer ses créances; le mandat a été enregistré; puis, postérieurement, Pierre, en rendant compte de sa gestion, reconnaît devoir à son mandant une somme de.... pour le montant des recouvrements qu'il a effectués et qu'il s'oblige de rendre à terme et avec intérêts. Il semble bien que ce soit là un véritable arrêté de compte et qu'on doive le frapper du droit de 1 pour cent établi par l'article 69, § 3, n.° 3 de la loi du 22 frimaire an VII. Mais on trouve dans l'article précédent, § 1, n.° 6, un texte qui jette

dans les plus grands embarras. Il tarife au droit
fixe de 2 francs les actes qui ne contiennent que
*l'exécution*, *le complément et la consommation* d'actes
antérieurs enregistrés. Or, l'arrêté de compte n'est-
il pas ici l'exécution même du mandat?

XXIII. Pour jeter un peu de lumière dans ce débat, remontons aux principes généraux de la loi
bursale.

Aucune convention ne peut profiter du bénéfice
de l'enregistrement sans payer un impôt. Cet impôt
est un droit fixe quand l'acte qui la constate ne contient aucune mutation de valeurs ; il est proportionnel lorsque le contrat révèle un déplacement quelconque de droits corporels ou incorporels. Tel est
le principe qui domine toute la matière.

Sans doute, lorsqu'un titre a acquis le droit de
cité en payant son tribut à l'État, il est juste que
toutes ses modifications postérieures en soient affranchies, et il est d'axiome qu'un acte ayant subi
le droit proportionnel ne peut plus y donner
ouverture par cela seul qu'il changerait de forme.
Il n'est pas moins juste non plus que cette gratuité profite à toutes les dispositions du contrat
qui n'en sont que les conséquences inséparables,
car elles se confondent avec lui comme l'accessoire
avec le principal. C'est la consécration de cette règle
que l'art. 68, § 1, n.° 6, a formulé en tarifant au
droit fixe les actes qui ne contiennent que l'exécution d'actes antérieurs enregistrés.

Mais ici, comme dans toutes les matières d'exception, il faut entendre l'idée du législateur avec
sagesse pour ne pas arriver tout droit à la destruction du principe écrit au frontispice de la loi, dans
les articles 3 et 4. Ce n'est pas en effet à une corrélation quelconque avec le contrat primitif que les
art. 12 et 68 ont attaché le bénéfice de l'exemption
du droit proportionnel, car autrement il n'est pas
une seule quittance qui eût été passible du droit,
puisque la libération est l'exécution directe de l'obligation. Il faut que les actes nouveaux ne créent par
eux-mêmes aucun titre particulier, ou différent du
premier contrat, et que si des valeurs ont été mises
en mouvement par celui-ci, ils en continuent l'im-
pulsion sans en changer le cours.

XXIV. Dans l'exemple que j'ai proposé, le reliquat dérive sans doute du mandat et en est, à certains égards, la consommation ; mais l'arrêté qui
le rend exigible forme par lui-même le premier titre
de l'obligation de payer ce reliquat au créancier qui,
jusque-là, n'avait en son pouvoir que des preuves
plus ou moins fortes, et non un acte faisant foi entière de la dette. L'arrêté constate pour la première
fois l'*existence certaine* d'une créance que le mandat
faisait bien prévoir, mais n'avait pas révélée. Il n'est
donc pas la simple conséquence du mandat, et dès-
lors il ne tombe pas sous l'application de l'art. 68
précité.

XXV. On insiste, et on dit qu'en payant l'impôt

pour le mandat, on a acquitté par avance le droit
dû pour l'arrêté qui doit suivre. C'est d'abord précisément ce qu'il s'agit de démontrer. Ensuite, il y a
ici deux dettes dont la nature est très différente,
puisque l'une est d'un droit fixe et l'autre d'un droit
proportionnel. Dire qu'en acquittant l'une on a payé
l'autre, c'est dire qu'on se libère d'un droit proportionnel au moyen d'un droit fixe, et la saine raison
résiste à une semblable conclusion. Si ce résultat
était véritable, où serait donc la justice de la répartition de l'impôt, et que deviendraient les principes
fondamentaux du droit?

Ce système aboutit d'ailleurs à une violation véritable des textes. Par une interprétation judaïque
des termes de l'art. 68, on décide bien que l'arrêté
de compte présenté par le mandataire est la consommation du mandat, et que si celui-ci est enregistré, l'arrêté est dispensé du droit proportionnel;
mais il y a des mandats qui résultent de l'autorité seule de la loi et ne se constatent par aucun
écrit. Telle est, par exemple, l'administration ou la
tutelle légale. Il n'y a aucun acte civil duquel on
puisse même induire, comme on le fait pour le mari
du contrat de mariage, la qualité du tuteur ou de
l'administrateur.

L'arrêté de compte ne sera donc jamais précédé
d'un mandat enregistré. Faut-il conclure cependant
qu'il sera soumis au droit? Le décider serait admettre que le mandat légal produit des effets moins
étendus que le mandat conventionnel. C'est pour-

quoi les auteurs, forcés de reculer devant cette conséquence, ont préféré violer le texte de l'art. 68 et
dire que l'arrêté de compte rendu en vertu d'un
mandat légal était dispensé du droit proportionnel,
bien qu'il ne fût précédé d'aucun acte enregistré.
Cette extension toute divinatoire viole le texte précis
de l'art. 68 et l'économie entière de la loi.

XXVI. C'est pourtant dans cette voie que la jurisprudence s'est engagée. L'Administration a résisté
avec une louable énergie à la doctrine de la Cour
suprême, et si elle a dû, en présence des nombreux
arrêts qui s'accumulaient contre elle, céder à la
force des choses, elle n'a point abandonné le principe, et peut-être n'a-t-on pas perdu tout espoir de
revenir aux saines idées du droit fiscal.

Une décision ministérielle du 8 décembre 1807,
insérée dans l'Instruction générale, n.° 366 § 4,
portait que tout acte de liquidation renfermant l'é-
numération et la récapitulation des reprises à exercer, était un arrêté de compte dont le reliquat emportait obligation, quand même cette obligation ne
serait pas expressément stipulée *et dans le cas même
où les créances reconnues et liquidées seraient établies
ou fixées par des actes antérieurement enregistrés.* Cette
décision est motivée sur ce que l'arrêté de compte
est le premier titre civil de la créance sur le rendant,
et produit privativement des effets désormais indépendants des actes antérieurs.

XXVII. Un arrêt de cassation du 27 juin 1809

admit cette interprétation et statua que le droit d'o-
bligation était exigible sur la reconnaissance par un
mari de la dot apportée par sa femme. (Inst. 1587).
Il y avait peut-être dans la généralité de cette décision quelque chose à reprendre. En effet, quand la
créance reçue par le rendant-compte résulte d'un
acte enregistré et a déjà subi par elle-même le droit
proportionnel, il semble que les causes de la perception s'affaiblissent. D'une part, l'existence des
valeurs admises en compte est parfaitement constatée, tellement que l'oyant pourrait en poursuivre
le remboursement sur le rendant sans arrêté de
compte. La reconnaissance qu'il en fait n'est donc
pas le premier titre de la poursuite, et du moment
qu'elle n'emporte pas novation on peut croire que
c'est un simple acte de complément. D'autre part
l'impôt proportionnel a été payé à l'Etat et le vœu
de l'art. 4 de la loi du 22 frimaire an vii est rempli.

XXVIII. Quoiqu'il en soit, la Cour revint brus-
quement sur ses pas. Comme la plupart des réac-
tions, celle-ci fut extrême et on se mit à exempter
du droit proportionnel toutes les obligations des
rendant-comptes, pourvu que non pas même la
créance mais leur simple qualité résultât d'un acte
enregistré.

Qu'un mari reconnaisse avoir reçu les reprises de
sa femme dont le montant est indiqué au contrat de
mariage, on conçoit jusqu'à un certain point l'af-
franchissement du droit, parceque cette reconnais-

sance ne confère aux héritiers de la femme aucun droit qui ne provint du contrat de mariage, et
on peut absoudre les arrêts du 6 juin 1811 et du
13 octobre 1813 qui le décident ainsi. (Inst. 1587).

Mais je ne me charge pas de justifier également
les autres.

Ainsi, des difficultés s'étaient élevées entre les
héritiers d'une femme et son mari au sujet de l'importance de ses reprises, composées surtout de successions à elle échues pendant le mariage et dont
aucun titre ne constatait l'importance.

Le mari présenta son compte, et après discussion
on le constitua, pour ces causes, débiteur d'une
somme de... En vain l'Administration fit-elle valoir
que l'arrêté réglait des droits contestés et remplaçait
un jugement que les parties eussent été forcées
d'obtenir, la Cour repoussa l'exigibilité du droit
proportionnel, parceque la reconnaissance du mari
n'était que l'exécution du contrat de mariage. ( Cas.
10 octobre 1817. Précis chron. ). La même doctrine
prévalut dans des arrêts du 1.er avril 1822,
16 mai, 21 novembre 1832 rendus dans les mêmes
circonstances. (10342 J. E. Dalloz, v. 21-1177).

XXIX. Il se présenta enfin devant la Cour une
affaire dans laquelle l'attention fut vivement éveillée
par les remarquables conclusions de M. l'avocat
général de Gartempre.

Un sieur Roussel avait reconnu devoir à sa
femme une certaine somme, tant pour ce qui était

porté en son contrat de mariage, que pour ce qu'il avait reçu d'elle en plusieurs fois provenant des successions de ses père et mère. Devant la Cour, M. de Gartempre soutint qu'il fallait distinguer entre les sommes dont le versement au mari était constaté par acte enregistré, et celles qu'il avait reçues sans acte; que, pour les premières, le droit d'obligation n'était pas exigible, parce que la créance de la femme résultait suffisamment de l'acte enregistré, mais que pour les secondes la reconnaissance du mari formait son seul titre et devait payer l'impôt.

L'Administration fit observer, de son côté, qu'on ne pouvait appliquer la gratuité aux actes de reconnaissance par lesquels un mari se constituait débiteur envers sa femme de prétendus apports dont l'origine n'était pas même indiquée, parceque ces actes ne sont souvent que des donations déguisées qui cachent des fraudes pratiquées pour se soustraire à l'impôt.

Après une longue délibération et un partage, la Cour persista dans la doctrine de ses premiers arrêts, et écarta l'application du droit proportionnel parceque : « le sieur Roussel était le mandataire de » sa femme en vertu de son contrat de mariage et » qu'en déclarant en cette qualité, le montant des » sommes dont il devait paiement, il ne contrac- » tait pas de nouvelle obligation, mais exécutait » son mandat. » (Arrêt du 21 février 1833. — Même sens. — Arrêt du 11 décembre 1838. Champ. et Rig. n.° 1088. Inst. 1587).

XXX. Tous ces arrêts sont très faiblement motivés, et ont laissé sans réponse les arguments de la doctrine contraire.

Aussi, l'Administration persista dans la distinction posée devant la Cour et dans son instruction du 8 mai 1839, n.° 1587, elle l'établit en ces termes : « Lorsque les reprises, droits ou créances
» énumérés dans un acte de liquidation ont été
» antérieurement énoncés ou constatés dans des
» actes enregistrés, tels que contrats de mariage,
» inventaires, etc., le reliquat établi par la liquida-
» tion ne donne pas ouverture au droit d'obliga-
» tion à 1 0/0, lors même que ce droit n'a point été
» perçu sur les actes antérieurs parceque, dans ce
» cas, la liquidation n'étant que le *complément et*
» *l'exécution* d'actes antérieurs enregistrés n'est
» sujette qu'au droit fixe établi par l'art. 68, § 1,
» n.° 6 de la loi du 22 frimaire an VII. Mais ils
» continueront à percevoir le droit d'obligation,
» lorsque les créances reconnues n'auront point été
» mentionnées dans des actes antérieurs enregis-
» trés ; spécialement quand la liquidation com-
» prendra des sommes stipulées dans des actes
» antérieurs et d'autres qui ne l'auront pas été, ils
» exigeront le droit fixe pour les premières et le
» droit proportionnel pour les secondes. »

XXXI. Lorsque le terrain de la discussion s'est déplacé et que la Cour ne s'est plus trouvée en face de cette idée de mandat dont il était si facile d'exa-

gérer les conséquences , les vrais principes ont re-
paru. On les rencontre dans un arrêt du 23 mai
1854. Par un bail enregistré, le sieur R. avait pris
des immeubles à ferme de B. A l'expiration du bail
les parties « *se sont réglées relativement aux fer-*
» *mages échus; le compte a donné pour résultat la*
» *somme de 10,109 fr. pour le paiement de laquelle*
» *B. exerce les droits et actions du bail. Le sieur R.*
» *s'oblige au paiement avec intérêts.* » Le tribunal
de la Seine, par un jugement assez fortement motivé
et dans lequel sont reproduits les considérants des
arrêts précités , décida que l'arrêté de compte n'é-
tait que l'exécution du bail , et tombait comme acte
de complément sous l'application de l'art. 68, § 1 ,
n.° 6 de la loi du 22 frimaire an VII. Mais sur le
pourvoi exercé par l'Administration , la Cour a
cassé ce jugement, le 23 mai 1854, « attendu qu'en
, admettant même qu'aucun élément étranger aux
» obligations dérivant de ces deux baux ne soit entré
, dans ledit arrêté et qu'il n'y ait eu *ni novation* ni
, substitution d'une dette à l'autre, il n'en est pas
» moins certain que les baux et l'arrêté de compte,
, quoique relatifs aux mêmes engagements, ont for-
» mé les *titres* de deux obligations distinctes, devant
, produire des effets différents, que cet arrêté ne
» pouvait donc pas être considéré comme ne con-
» tenant que l'exécution ou le complément des
, baux. » Inst. 2019, § 3. —(Conf. Cass. 8 avril
1839, Inst. 1601, § 8 ; 14 novembre 1849, Instruction 1857, § 9 ).

Tous les motifs de cet arrêt s'adaptent parfaitement à l'arrêté de compte intervenu à la suite d'un
mandat. Bien que le mandat soit le titre originaire
de la dette, les deux conventions sont distinctes et
produisent des effets différents. Par le mandat, le
rendant est débiteur du compte, par l'arrêté il l'est
du reliquat, et la première obligation se sépare tellement de l'autre que si le mandataire refuse de
reconnaître sa dette, la condamnation doit en être
prononcée contre lui par le tribunal ou le juge-
commissaire. C'est pour cela que l'hypothèque judiciaire date seulement du jour de la condamnation
au paiement du reliquat. (Troplong, *des Hypoth.*,
sur l'art. 2123).

XXXII. La Cour de cassation avait été précédée
dans la voie de l'arrêt du 23 mai 1854 par les tribunaux de Chartres, (5 juillet 1855, n.° 7237
Recueil de M. Fessard,) et de Rambouillet (10 décembre 1847, 7731. Fessard), d'après lesquels la
reconnaissance par un fermier de devoir des fer-
mages résultant d'un bail authentique est passible
du droit de 1 0/0. En vain MM. Championnière et
Rigaud s'élèvent (n.° 53 du Supplément) contre le
retour à une jurisprudence contraire aux arrêts
précédents, la décision du 23 mai est sans réplique.

Malheureusement, quand on revient aux idées de
mandat, la Cour persiste dans ses anciens errements, et elle continue à exempter du droit les
arrêtés de compte de cette nature, lorsqu'ils ne

contiennent pas novation de l'obligation antérieure.
Ainsi, jugé le 16 juillet 1855 que la reconnaissance
par le mari des sommes dont il est comptable
envers sa femme comme administrateur *des biens
paraphernaux* de celle-ci, n'est passible que d'un
droit fixe.

Quoique l'Administration ait transmis cet arrêt
aux préposés par l'Instruction n.° 2054, § 8, il est
douteux qu'elle le prenne entièrement pour règle.

Quant à moi, je n'hésite pas à penser que dans
la rigueur des principes, le droit proportionnel devrait être perçu sur tous les arrêtés de comptes
quels qu'ils soient. Je ne considère même la distinction posée par l'Instruction générale, n.° 1587,
que comme une tolérance équitable et une sorte de
part faite à l'erreur.

XXXIII. Quoiqu'il en soit, l'exigibilité du droit
proportionnel ne peut faire l'objet d'un doute,
quand le compte n'a été précédé d'aucun acte
enregistré servant de titre à la dette. (Champ., 1040.
Rep. G. n.° 3424, § 2).

XXXIV. Les développements que nous venons
de donner sur la perception du droit à l'égard des
arrêtés de compte s'appliquent aux comptes *de
tutelle* comme aux autres. C'est ainsi qu'il faut
entendre la règle suivante de l'Instruction générale
n.° 1236, § 2 : « *Les arrêtés définitifs de ces comptes
» donnent ouverture au droit proportionnel quand le*

» *montant du reliquat n'est pas soldé immédiate-*
» *ment.* » Nous ferons seulement observer qu'en
cette matière moins que partout ailleurs la novation
ne peut se présumer. En éteignant la première dette,
elle enlève au mineur le bénéfice de son hypothèque
légale, et sa position est tellement favorisée par la
loi qu'on ne peut pas supposer aux parties une
intention aussi préjudiciable. Avant comme après
l'arrêté de compte, le tuteur est simple dépositaire
comptable et si le droit d'obligation est exigible, ce
n'est pas, comme paraît l'enseigner l'Instruction
1236, § 2, parceque le dépôt s'est changé en prêt,
mais parceque l'arrêté forme le premier *titre* de la
poursuite.

## SECTION IV.

### *Des Transactions.*

XXXV. La transaction est un contrat par lequel les parties terminent une contestation née ou préviennent une contestation à naître.

Elle nécessite l'abandon de prétentions réciproques et change fréquemment dès lors la position des parties à l'égard des droits qui en font l'objet. C'est pour cela que plusieurs interprètes du droit romain voyaient dans la transaction une cause de novation. (Menochius, de Prœsumpt. 134, n.° 42. Molitor, n.° 1063). Cette opinion serait trop exclusive aujourd'hui; mais il est bien certain que la volonté de nover doit s'admettre avec une très grande facilité dans un contrat ou les parties substituent ordinairement un état de choses nouveau à celui sur lequel il y avait litige. Dans la plupart des cas, en effet, la transaction forme pour chacun des contractants le premier titre des créances qu'il obtient ou qu'il recouvre contre les autres; ces créances ne remontent pas au-delà, et s'il est vrai qu'elles prennent leur source dans des faits antérieurs, au moins

n'est-ce qu'à partir de leur réglement transaction-
nel qu'elles ont reçu la consécration et la vie civile.

La transaction est donc par sa nature le premier
titre des obligations des parties ; ses effets sont essentiellement créateurs, et il ne paraît pas exact de
les considérer comme simplement déclaratifs de
propriété.

Au reste, le caractère de cet acte a soulevé à
toutes les époques une controverse ardente. Dumoulin, § 33, gloss 1, n.° 67, *Cout. de Paris*, ne voit
dans la transaction que la reconnaissance d'un titre
et non le titre lui-même, et d'Argenté ajoute, en
adoptant cette opinion : *itaque nec laudimia debe-
buntur nec gabellæ nec cætera consequentia contrac-
tuum dominii translativorum.* ( Cout. de Bretagne,
art. 266, chap. 3.) Tiraqueau, au contraire, *du
retrait Lignager*, § 1, gloss. 14, n° 16, et Fon-
maur, n.° 414, s'appuyant sur la loi 33, au Code
*de transact.*, prétendaient que la transaction était
translative, parce que chaque partie devait garantir l'autre des évictions futures. ( Pothier, de la
vente, n.° 646.)

XXXVI. La loi du 22 frimaire an vii ne s'est pas
expliquée sur ce point, mais la doctrine de l'Administration incline vers l'opinion de ces derniers glos-
sateurs. Selon elle, pour régler la perception sur
les transactions, il faut apprécier les conventions
que ces actes renferment afin d'appliquer le tarif à
chacune d'elles, selon sa nature. Cette appréciation

consiste à s'assurer si la convention a opéré quelque changement ou novation dans la situation respective, dans l'état de possession, dans les droits apparents des parties. Il ne s'agit que des droits apparents, car les tribunaux seuls auraient été juges des droits réels, d'après la validité des titres ou la force des preuves que les parties auraient pu invoquer ; et il n'appartient pas aux préposés de suppléer au jugement qui n'a pas été rendu. C'est l'état des choses au moment où les parties se rapprochent pour transiger qui doit être pris comme point de comparaison avec les arrangements dont elles conviennent entre elles, afin d'établir la perception d'après les effets nouveaux qui résultent de cette convention. (Inst. gén., n.° 1229, § 11.)

Cette règle qui paraît, en définitive, la plus concordante avec les principes de la loi fiscale, a rencontré une opposition opiniâtre dans la doctrine. Les auteurs voulaient distinguer entre le cas où la transaction comprend seulement les objets litigieux, et celui où elle a lieu moyennant la transmission d'une chose étrangère à la contestation. Dans la première hypothèse, tout se borne de la part de chaque partie à une obligation négative, à une promesse de ne pas troubler l'exercice de telle prétention sur une portion de la chose litigieuse ; dès-lors, il n'y a pas de transmission. Dans la seconde, au contraire il existe une véritable cession, quand l'objet est attribué à celui qui n'en était pas propriétaire. C'était l'avis de Merlin, Répert. V.° Partage, n.° 11 ; et c'est aussi celui de M. Dalloz, 1064 et suiv., ainsi que de M. Demante, n.° 319.

Mais cette distinction a été repoussée par la Cour de cassation qui a sanctionné, d'une manière désormais inattaquable, la doctrine de l'Administration. (Cass. du 19 novembre 1839, Inst. 1615-9 ; 26 juillet 1841, Inst. 1668, § 7 ; 21 mars 1842, Inst. 1675-8 ; 2 janv. 1844, Inst. 1713, § 8 ; 22 avril 1845, Inst. 1743, § 12 ; 17 mars 1846, Inst. 1767, § 11 ; 29 avril 1850, Inst. 1875, § 12 ; 10 février 1857, Inst. 2096, § 14).

Il n'entre pas dans le cadre de mon travail de m'étendre davantage sur les transactions. Seulement il n'était pas sans intérêt de faire remarquer que relativement à l'application du droit d'enregistrement, la jurisprudence fait prédominer le caractère translatif, et que dès lors la novation y est admise facilement.

## SECTION V.

### *Des Conversions de rente.*

**XXXVII.** La matière des conversions de rentes

présente beaucoup de difficultés. J'ai cru devoir la traiter assez longuement et l'on me pardonnera l'excursion que je suis forcé de faire dans le domaine du droit civil, pour en bien faire apprécier les différents caractères.

La rente est une prestation périodique temporaire ou perpétuelle d'une somme d'argent ou de certaines denrées.

On dit que la rente est perpétuelle, quand il n'existe aucune époque fixe où elle doit finir, et que le débiteur ou ses héritiers ont la faculté de la servir à toujours, sans pouvoir être contraints à son rachat. Elle est temporaire si sa durée est limitée, et dans ce cas, elle reçoit plus spécialement le nom de rente viagère, lorsqu'elle doit être fournie pendant la vie d'une ou de plusieurs personnes.

Les origines de ce contrat sont fort curieuses.

C'est une de nos rares institutions qui ne poussent pas leurs racines jusque dans le droit romain, et qui sont le produit entièrement pur de notre législation nationale du moyen-âge. Aussi, sa nature présente-t-elle des caractères singuliers qui accusent toutes les hésitations d'une création originale. Malgré les efforts de nos grands jurisconsultes, cette matière a toujours conservé le sceau de sa filiation douteuse, et le reflet de ses incertitudes s'est imprimé à de nombreux endroits de nos lois modernes. Ce n'est souvent qu'en remontant à son berceau qu'on s'explique encore ses effets actuels.

XXXVIII. On sait de quelles vives attaques le prêt à intérêt fut l'objet dans les premiers siècles de l'Eglise. La ferveur bouillante des néophytes, exagérant les tendances de la morale évangélique et n'admettant aucune transaction avec la perfectibilité humaine, proscrivit ce contrat à l'égal d'une mauvaise action. Les Pères de l'Eglise, les Conciles et les Papes unirent contre lui les efforts de leur science rigoriste et de leur autorité toute puissante. Les consciences s'alarmèrent devant les textes sacrés de l'Ecriture, la science s'égara dans des raisonnements d'une subtilité incroyable, et le prêt à intérêt s'écroula sous le poids d'une universelle réprobation.

Rien ne résiste au torrent de l'opinion. Quand l'œuvre de destruction fut commencée, tout le monde y mit la main pour en finir au plus vite, et l'idée de l'immoralité du prêt s'acclimata si bien dans les mœurs que Domat lui-même, le sage et judicieux Domat, consacra vingt pages de son grand ouvrage à prouver que la stipulation d'intérêts était contraire au droit naturel! Il est vrai qu'à ce moment là déjà la réaction commençait. Calvin avait permis de prêter à intérêt aux riches; d'Aguesseau osait s'étonner des idées de Domat, et Dumoulin enseignait franchement la liberté du prêt en matière de commerce. Néanmoins on n'osa secouer complétement l'autorité des théologiens en cette matière, que quand la révolution de 1789 eut renversé la barrière des préjugés et que le peuple commença à penser par lui-même. Alors la lumière revint doucement et la législation tendit

de nouveau les mains au prêt. Cette révolution
se fit sans beaucoup de bruit, contrairement à
toutes les explosions des idées du temps, parce
qu'au XVIII siècle l'importance de la question passait
un peu inaperçue, et que l'on croyait, avec l'auteur
du Contrat social, que dans un état vraiment libre,
les citoyens doivent tout faire avec leurs bras et rien
avec de l'argent. (Livre 3, chap. 15, J.-J. Rous-
seau). (1)

XXXIX. Pendant une longue suite de siècles, le
contrat de prêt à intérêt demeura donc prohibé et
les capitaux furent condamnés à une oisiveté presque
complète. Cependant l'activité commerciale ne de-
meurait pas stationnaire et le grand mouvement qui
porta l'Occident sur l'Orient au moment des croi-
sades, les sollicita inévitablement à entrer dans la
circulation. Alors on se mit à autoriser indirectement les prêts au moyen d'un détour subtil très bien
en harmonie avec les idées sophistiques du temps,
et sur lequel l'église parut fermer les yeux. Le créancier feignait de vendre à son emprunteur la propriété du capital prêté qui s'hypothéquait sur les
biens du débiteur. Afin d'éloigner toute pensée d'un
intérêt payé à raison d'une somme d'argent, on s'i-

---

(1) On en est même venu aujourd'hui, et on a peut-être raison,
à soutenir le principe de la liberté illimitée de l'intérêt Cette question toute d'actualité et l'une des plus belles de la science économique a été traitée avec un véritable talent par M. Liégeois, mon
ami, dans une brochure dont la lecture dissipe bien des préjugés,
et qui se recommande à l'attention de tous les hommes sérieux.
(Nancy, 1858.)

magina de dire que le créancier devenait *copropriétaire* des immeubles affectés à la restitution du prêt, en sorte que le paiement des intérêts stipulés paraissait représenter les fruits de cette copropriété immobilière. Au regard de l'emprunteur, c'était une véritable vente avec faculté de rachat moyennant le remboursement de la somme représentative du prix de l'aliénation.

Par suite de cette idée, on ne permit les constitutions de rente qu'aux personnes qui possédaient des fonds de terres, (Bulles du pape Pie V, du 10 juin 1570), et on les regardait comme des droits immobiliers. Cette fiction de copropriété était par trop contraire à la vérité des faits pour faire longtemps illusion ; on l'abandonna au temps de Dumoulin, mais on conserva le principe de la validité du contrat par cet autre motif que le débiteur n'avait rien emprunté puisqu'il n'était point tenu à rendre, qu'il devait seulement des arrérages, comme prix de son acquisition du capital mobilier, tout en conservant essentiellement le droit d'en racheter la prestation. Il répugnait tant de voir la moindre analogie s'établir entre ce nouveau contrat et l'ancien prêt que nonobstant la perte de son caractère attributif de propriété sur les biens de l'emprunteur, on ne s'habitua pas facilement à considérer les rentes constituées comme des meubles. Beaucoup de Coutumes continuèrent à les qualifier d'immeubles, et Ferrière, sur celle de Paris, en cherche un motif assez bizarre dans l'*éternité* de l'obligation qu'elle produit.

Avec nos idées modernes, tout ceci nous paraîtra bien faux et bien peu digne de l'indépendante sévérité du droit. Au xv.ᵉ siècle même, il est difficile de croire que les bons esprits aient été dupes de la supercherie. D'Argentré avoue qu'il ne voit aucune différence entre le prêt à intérêt et la constitution de rente, et que tout le monde a été heureux de trouver le moyen de prêter à usure sans en avoir l'air : « *Astuta secula pro usurâ redituum cons-* » *titutiones reperêre ; sed tamen ratione quâdam com-* » *merciorum, gentes, regna, populi usum hunc pro-* » *bavere* ; (Consuetud. ch. 6, n.º 9, 10, art. 266). Mais tous les moyens paraissaient bons pour résister à un raisonnement qui interdisait le prêt, parce que *nummus non gignit nummum*, et on se laissait volontiers tromper pour tromper la loi.

Quoiqu'il en soit, la rente constituée fut désormais acceptée comme une aliénation par suite de laquelle l'emprunteur vendait au prêteur, moyennant un certain capital, le droit à une rente perpétuelle dont celui-ci ne pouvait exiger le rachat, mais au service de laquelle l'emprunteur pouvait se soustraire en rendant le capital aliéné.

La somme d'argent qui avait été versée à l'emprunteur ne cessait donc pas, à certains égards, d'appartenir au prêteur, puisque par le rachat elle lui faisait retour. C'est pourquoi Pothier disait : « que la rente constituée est une espèce de créance » d'une somme capitale, parceque ce n'est qu'improprement que le créancier d'une rente consti-

11

» luée est créancier de la somme qui en fait le capi-
» tal, puisqu'il ne peut pas exiger cette somme,
» elle est *magis in facultate luitionis quam in obliga-*
» *tione non quidem pura et simplici sed conditionali.*
» Le débiteur de la rente constituée est débiteur du
» capital, *non quidem formaliter et distinctè sed*
» *effectivè et conditionaliter;* c'est-à-dire il en est
» débiteur *conditionaliter,* autant qu'il ne peut
» faire cesser le cours des arrérages, qu'en payant
» le capital. On peut dire, en ce sens, que le capi-
» tal d'une rente est dû, et que lorsque le débiteur
» en offre le remboursement, il offre le paiement
» de ce qu'il doit. » (Oblig. n.° 110).

On voit sans peine que le grand jurisconsulte
n'est point à l'aise dans cette définition et qu'il a
du mal de bien saisir à la fois les faces multiples
du contrat.

XL. Néanmoins, il s'acheminait vers la vérité
en dépouillant la constitution de rente de cette
idée d'aliénation du capital, si contraire aux principes du droit, pour lui restituer son caractère de
simple prêt. Il n'osa le faire complètement, parce
qu'il serait retombé dans une convention interdite,
mais sa pensée se dévoile clairement sous l'artifice
des mots, et le Code Nap. qui n'avait plus les scrupules de Pothier, acheva l'œuvre de restauration,
en déclarant, dans l'art. 1909, que la constitution
de rente est *un prêt* dans lequel on stipule un intérêt

moyennant un capital que le prêteur s'interdit d'exiger.

•

XLI. Il ne faudrait pas prendre d'une manière absolue cette expression que sous le Code Napoléon le capital de la rente n'est pas aliéné. Le
créancier de la rente s'en est au contraire dessaisi
à perpétuité, si bien qu'en principe il ne peut jamais en exiger le remboursement ; c'est même dans
cette cession perpétuelle que consiste le caractère
essentiel qui différencie le contrat de constitution de
rente du prêt, mais cette aliénation a des caractères
qui lui sont propres et si les deux mots n'étaient pas
contradictoires, je dirais que l'aliénation a eu lieu
à titre de prêt. Si l'on se place, en effet, à l'autre
aspect du contrat, on voit que le débiteur de la rente
n'a pas reçu le capital à perpétuité, mais qu'il peut
le rembourser au crédi-rentier en renonçant au
terme indéfini d'exigibilité dont il jouissait. A son
égard, le contrat n'est donc guère que le prêt d'une
somme restituable à sa volonté, et comme en définitive les obligations du débiteur sont les plus importantes ou pour mieux dire les seules importantes
de la convention, la physionomie qu'il présente à ce
point de vue domine l'autre, et réfléchit totalement
sur le contrat. C'est pour cela que le Code Nap. le
qualifie de *prêt à intérêt*.

XLII. Aussi, lorsque le débiteur des arrérages rembourse, il n'accomplit pas une obligation

mais exerce une simple faculté. Comme le disait Pothier, la dette du capital *est magis in facultate luitionis quam in obligatione,* en sorte qu'en rendant le capital, le débi-rentier paie ce qu'il doit.

En résumé, si l'on veut apprécier juridiquement, à toutes ses faces, la nature du contrat de constitution, on verra qu'il crée une obligation *facultative*, dont le paiement des arrérages forme l'objet unique. C'est à cela seul que le débi-rentier peut être directement astreint par le créancier, et s'il rembourse, il use du droit que la loi lui accorde de payer une rente avec un capital. C'est donc une assez grave inexactitude de dire avec le tribunal de la Seine (8 mai 1822) que l'obligation du débiteur est *alternative.* Il y a de grandes différences entre ces deux conventions et dans une matière aussi embarrassée que celle des constitutions de rentes, nous devons tenir à la propriété du langage.

XLIII. Ce qui précède ne s'applique qu'à la rente perpétuelle, car pour elle seulement le débiteur a le droit de s'affranchir de toute prestation en remboursant le capital prêté (art. 530 et 1911, C. N.) Il a paru contraire à la liberté humaine d'autoriser des engagements perpétuels, car comment l'homme qui est un être contingent et fini pourrait-il compromettre un avenir qui n'est pas à lui ? La perpétuité ne s'applique pas seulement ici dans le sens philosophique du mot, mais à toutes les conventions dont la durée dépasse les bornes de l'exis-

tence la plus prolongée. Ce qui doit durer plus que
nous, dit très bien M. Proudhon, est perpétuel pour
nous. D'après cela, la loi du 18-29 décembre 1790
déclare rachetable la rente établie pour plus de 99
ans, ou sur plus de trois têtes.

XLV. Les rentes véritablement temporaires représentent, à la différence des rentes constituées,
le prix réel d'un capital à jamais aliéné. Le débi-
rentier ne peut rembourser le montant de la constitution pour éviter le paiement futur de la rente, et
le créancier n'a pas non plus le droit d'exiger ce
remboursement (1979, C. N.).Quoi qu'en disent
les articles 1909 et 1910, ce contrat n'a qu'une af-
finité très lointaine après le prêt à intérêt. Aussi, la
loi civile a-t-elle rejeté les principes qui s'appliquent
aux rentes temporaires dans une section différente
du prêt. Cette constitution a conservé le caractère
essentiel de l'ancien droit, qui est l'aliénation irrévocable du capital dont la rente forme le prix. Il
suit de là que le crédi-rentier n'a plus aucun droit
même éventuel à la somme constituée, et si le débiteur consent à la lui rendre, il paie ce qu'il ne
doit pas, et détruit d'une manière absolue l'essence
de la convention. En d'autres termes, au lieu d'exécuter le premier engagement, il fait, selon l'expression de Grenier, n° 479, un nouveau contrat qui
dénature l'ancien. (Sic, Pothier, n° 149.)

XLV. Après avoir exposé l'origine et la nature

des constitutions de rentes ; disons brièvement quelques mots des causes de leur formation.

La constitution de rente perpétuelle ou temporaire a lieu à titre onéreux ou à titre gratuit.

A titre onéreux, elle est le résultat de la cession d'un immeuble ou d'une chose mobilière.

Quand la rente perpétuelle forme le prix d'une vente immobilière, elle est souvent désignée sous le nom de rente foncière ou de rente réservée, mais cette qualification réveille des idées d'un autre âge et manque aujourd'hui d'exactitude. A l'origine du contrat de constitution, quand on cherchait tous les moyens de l'immobiliser, il fut admis qu'en cédant un immeuble pour une rente, le vendeur conservait, pour le paiement des arrérages, un droit réel sur la chose aliénée. Ce droit réel équivalait à un véritable démembrement de propriété qui suivait l'immeuble chez tous ses détenteurs, et forçait au déguerpissement celui qui voulait cesser de payer la rente. Le crédi-rentier n'abandonnait donc son immeuble qu'en se réservant sur lui un droit de rente, *deducto censu*, et on appelait alors ces rentes *réservées ou foncières*. Cette affectation perpétuelle au service d'un droit mobilier, pesait lourdement sur la propriété et enchaînait sa liberté naturelle. Les lois de 1789 et 1790 en défendirent l'usage et permirent aux détenteurs de se libérer de la rente constituée, en versant au crédi-rentier un capital dont les intérêts représenteraient le montant des arrérages. Dès lors, les rentes foncières changèrent de nature et perdirent leur caractère d'immeubles. La loi du 11 brumaire an VII, art. 7, commença à les déclarer insusceptibles d'hypothèques, et l'art. 530 du Code Napoléon reconnut complètement leur nature mobilière.

Aujourd'hui, les rentes foncières et réservées ne sont donc plus que des rentes constituées ordinaires ; elles n'en diffèrent que par la durée du temps pendant lequel on peut suspendre la faculté de rachat (art. 530 et 1911, C. N.), et par la liberté appartenant au crédi-rentier de régler les conditions de ce remboursement.

Cette rente est constituée directement comme prix de vente de l'immeuble ou comme condition de sa cession ; mais, dans les deux cas, sa nature est identique.

XLVI. La rente créée pour le prix d'une chose mobilière est également rachetable. Mais il doit s'agir de choses *fongibles*, car le prêt de consommation dont le prêt à intérêt et la constitution de rente ne sont que des dérivés, n'a lieu que pour des objets de cette nature.

Suit-il de là que la convention par laquelle je vous cède ma bibliothèque moyennant une rente perpétuelle de 100 francs soit nulle ? On le pensait jadis par des motifs tirés d'une possibilité d'usure. (Dumoulin, 22 *de usuris*.) Mais aujourd'hui que le prêt à intérêt est permis, cette opinion demeure sans fondement, et la validité du contrat n'est pas douteuse. En effet, si ma bibliothèque n'est pas fongible, il n'en est plus ainsi du prix qui la représente, et dans l'intention des parties, c'est lui qui se transforme en rente. Le capital constitué est donc le prix de la vente, et c'est ce prix que le débiteur rembourse pour racheter la rente.

Cette conséquence est fort importante à noter.

XLVII. La constitution de rente a lieu à titre gratuit quand pour l'obtenir il n'en a rien coûté au crédi-rentier. La loi civile ne s'occupe de ces conventions qu'incidemment au titre des rentes viagères pour régler les formes de leur établissement, mais sur tous les autres points elle garde un silence absolu. Le droit ancien ne présente lui-même aucune théorie bien nette sur ces constitutions, parce qu'elles s'écartent complètement des origines communes, et qu'en l'absence d'un capital ostensiblement remis au débi-rentier, on éprouve de très grandes difficultés pour savoir si le rachat en est possible, ou quelles en sont les conditions. Cependant, comme la faculté de rachat était l'exception et ne s'appliquait en principe qu'aux rentes constituées moyennant un capital aliéné, on décidait généralement que les rentes gratuites étaient irrachetables (Dumoulin, *Tract. de usuris* 20, n.° 213; Pothier, Const. de rente, n.° 166). On les assimilait aux rentes constituées (Loyseau, liv. 1, chap. 8, n.° 19), bien que Henrion de Pansey nous avertisse cependant qu'en regard des droits de profit cette

opinion n'était pas toujours admise au Palais
( p. 203 ).

Aujourd'hui que le principe de la perpétuité des
conventions a disparu de nos lois, il n'est pas douteux que les rentes gratuites ne soient rachetables
comme les autres. L'art. 872 du C. N. en serait au
besoin la preuve écrite, car la généralité de ses termes embrasse aussi bien les rentes à titre gratuit
que les autres. La Cour de Paris a donc bien jugé
en décidant, par arrêt du 25 février 1834 ( de Vil-
len., 34-2-86 ), que le débiteur obligé au paiement
des arrérages avait la faculté de verser le montant
du rachat; et qu'en le faisant il ne changeait pas la
nature de la convention primitive, mais en suivait
au contraire l'exécution.

Quant à la rente *viagère* constituée gratuitement,
elle n'est pas plus rachetable que la rente constituée
à titre onéreux. Aussi, lorsque pour se libérer du
service des arrérages, le débiteur verse un capital
au créancier, il n'exécute pas son obligation, puisqu'il lui était précisément interdit de rembourser,
il l'anéantit pour la remplacer par une autre d'une
espèce différente. Or, c'est là un véritable *distrat*.

XLVIII. Si l'on a bien suivi le développement des
principes ci-dessus, leur connaissance va nous faciliter singulièrement la solution des difficultés assez nombreuses que présentent les conversions de
rentes.

XLIX. D'abord, si l'on convertit un capital exigible et productif d'intérêts en rente viagère, on l'aliène, puisque le remboursement n'en peut être ni offert ni demandé (art. 1978 C. N.). Le nouveau contrat qui se forme est incompatible avec l'ancienne obligation résultant du prêt, et il en opère l'extinction. Dès-lors la novation est complète, et le droit de 2 pour cent comme constitution de rente devient exigible.

Il y a quelques embarras de plus dans la conversion d'un prêt en rente perpétuelle.

Le capital constitué n'étant point aliéné, il semble que la dette demeure toujours la même, si ce n'est que le créancier renonce au droit d'en exiger le remboursement. Or, cette simple modification relative au terme ne paraît pas suffisante pour opérer la novation. Ce raisonnement n'est point exact : il ne faut pas dire d'une manière absolue que le capital n'est pas aliéné. La transmission en est au contraire irrévocable de la part du créancier, qui ne peut en réclamer la restitution au débiteur. Celui-ci a le droit de le rendre; mais, qu'on le remarque, ce n'est là qu'un moyen d'exécution du contrat. L'obligation principale du débi-rentier est de payer les arrérages, le rachat n'est que *in facultate solutionis*. Or, ce n'est jamais par le second terme d'une obligation facultative qu'on apprécie la nature des engagements du débiteur, tant que le contrat subsiste. Il doit *principaliter* les arrérages de la rente constituée, et assurément c'est là un objet bien distinct d'un capital exigible.

S'il restait du doute sur l'existence de la novation, il disparaîtrait devant l'article 2039 du C. N.,
d'après lequel la *simple* prorogation de terme accordée par le créancier au débiteur principal ne décharge pas la caution. « *N'en doit-on pas conclure,*
» dit Toullier, n.° 280, vol. 7, *que la conversion de*
» *la dette exigible ou à terme en rente perpétuelle dé-*
» *charge les cautions ; car ce n'est pas une simple*
» *prorogation de terme, mais une aliénation de ce ca-*
» *pital, et, par conséquent, une extinction de la pre-*
» *mière obligation.* » La doctrine est unanime sur
ce point. ( Pothier, u.° 559; Duranton, t. 12,
n.ᵒˢ 288-303 ; Grenier, 499 ; Delvincourt, 2, p, 556;
Marcadé sur l'art. 1273; Toullier, t. 7 n.ᵒˢ 280-305;
Cpr : Cass. 7 décembre 1814, Sirey, 15-1-97;
Paris, 11 mars 1816, S. 17-2-11 ; Caen, 21 octobre
1826, S. 27-2-61 ; Bordeaux, 23 mars 1832 , S. 33-
2-58.)

L. Les mêmes principes déterminent une solution
différente dans l'hypothèse inverse de la conversion
d'une rente perpétuelle en un capital exigible à
terme.

Puisque l'obligation du débiteur de la rente est
facultative, le remboursement qu'il consent à opérer n'est, comme nous l'avons dit, que l'exécution
de la convention même, et non pas la création d'un
engagement nouveau. En offrant le paiement de ce
qu'il doit, le débiteur ne *nove* pas son obligation.
C'est pourquoi les conversions de cette nature ne

sont passibles que du droit de 2 fr. établi par l'article 68, § 1, n.° 6 de la loi du 22 frimaire an VII, pour les actes qui ne contiennent que le complément et l'exécution d'actes antérieurs enregistrés ; ou bien si le remboursement est immédiatement effectué, du droit de libération à 50 c. 0/0 sur le capital payé.

LI. L'Administration a hésité longtemps pour admettre cette doctrine. Dans une délibération rapportée au Journal de l'enregistrement, n.° 7023, elle reconnaît que la stipulation d'exigibilité n'entraîne nullement l'extinction de la dette ancienne ni la substitution d'une créance nouvelle, et elle autorise la restitution du droit d'obligation perçu sur un acte de conversion de rente perpétuelle en un capital exigible à terme. Néanmoins il ne paraît pas que sa conviction fût complète à cet égard, car elle consulta le comité des finances du Conseil d'Etat qui donna un avis entièrement opposé le 1er septembre 1821. Il décide « que les stipulations de l'acte de » conversion étaient nouvelles, qu'elles dénatu- » raient même le contrat primitif, puisque d'après » l'art. 1909 du C. N., le contrat de constitution » de rente n'existe qu'autant que le prêteur s'inter- » dit le droit d'exiger le remboursement de son ca- » pital ; que dès-lors le contrat ne présentait pas les » caractères d'une simple reconnaissance de titre » primordial tarifé au droit fixe. » Le Conseil d'E- tat n'avait pas saisi la difficulté. Il ne s'agit pas de

savoir si la convention est oui ou non un titre nouvel, car encore bien qu'elle n'en ait aucun des caractères, le droit fixe n'en serait pas moins seul dû,
si elle rentrait dans la catégorie des actes d'exécution dont il s'agit au n.° 68, § 3. Or, ce motif de décider ne semble pas avoir été aperçu par le Conseil.
Cependant l'autorité de son avis ébranla la doctrine
de l'Administration qui se mit à enseigner la perception du droit proportionnel. Elle distingua néanmoins le cas où le rachat de la rente était devenu
forcé, à défaut par le débiteur d'avoir payé les arrérages de deux ans ou d'avoir donné des garanties
suffisantes (1912 C. N.), et elle reconnut dans l'Instruction générale, n.° 1027, § 2, que le remboursement volontaire qui s'opérait du consentement des
parties n'était que l'exécution d'une condition du
contrat de constitution.

La jurisprudence n'admit pas cette distinction, et
elle continua à repousser la novation dans tous les
cas. (Seine, 8 mai 1822.) Malheureusement les considérants des décisions judiciaires n'étaient pas très
concluants, et le Ministre des finances persista dans
la fausse voie où il s'était engagé par l'avis du 1.er
septembre 1821. (Décision du 7 juillet 1831.)

La question se présenta alors devant la Cour suprême qui la résolut conformément aux vrais principes,
par un arrêt du 11 août 1836. La résistance cessa
et le Ministre décida, le 7 mars 1844, que : « l'acte
» par lequel le débiteur d'une rente perpétuelle s'o-
» blige à en rembourser le capital dans un délai dé-

» *terminé, en conservant au créancier tous les droits,*
» *priviléges et hypothèques dérivant du titre primitif,*
» *n'est soumis, comme acte d'exécution, qu'au droit*
» *fixe de deux francs.* »

En transmettant cette décision aux préposés, dans l'Inst. n.° 1710, § 6, l'Administration fit remarquer qu'elle abrogeait celle de l'Inst. 1027, § 2. (Conf. jugem. Marjevols, 24 août 1838; et délibération du 24 octobre 1838, 12171, J. E.)

LII. Il ne faudrait pas croire, en interprétant judaïquement les termes de la décision ministérielle, que la conservation des garanties soit une condition indispensable pour la perception du droit fixe. Lors même que le créancier y renoncerait, l'acte ne serait pas pour cela seul une novation, car l'adjonction ou la suppression des accessoires d'un engagement est sans influence sur la transformation de son objet. Seulement, l'extinction de ces garanties étant l'effet ordinaire de la novation, ce sera quelquefois une circonstance précieuse pour déterminer l'intention des parties.

LIII. La solution qui précède s'applique, quelle que soit la cause de la rente perpétuelle. Si elle avait été créée pour une somme d'argent, le remboursement du capital apparaît lucidement comme l'exécution directe et matérielle du réméré contenu dans la convention. Si elle provient de l'aliénation d'un meuble ou d'un immeuble, on voit moins com-

ment la restitution d'une somme d'argent à la place
de l'objet cédé peut être aussi l'accomplissement du
rachat, et il semble que c'est en rendant le corps
certain lui-même que le débiteur devrait se libérer
de son obligation principale. Mais il ne faut pas oublier que dans les constitutions de rentes moyennant un objet mobilier, ce n'est pas le meuble lui-
même qui se transforme en rente, mais le prix qui
le représente dans l'intention des parties. ( *Suprà*,
n.° 47.)

Le capital de ces rentes est donc le prix de l'objet
mobilier et non pas cet objet lui-même, en sorte que
pour racheter la rente, c'est une somme d'argent
que le débi-rentier doit rembourser.

LIV. Ceci devient plus évident encore pour les
rentes foncières. Il est bien certain aujourd'hui que
le créancier ne conserve plus sur son immeuble aucun droit réel, et que la faculté de rachat dont il
jouit ne peut jamais le faire revenir entre ses mains.
Sa rente ne représente donc qu'un droit mobilier
dont la réalisation ne produira qu'une somme d'argent. En sorte que si le débi-rentier rendait au créancier le meuble ou l'immeuble primitivement aliéné,
il y aurait une dation en paiement donnant ouverture au droit proportionnel de transmission à titre
onéreux.

LV. Nous suivrons les mêmes errements à l'égard
des rentes perpétuelles constituées à titre gratuit.

On a vu ci-dessus qu'elles étaient rachetables comme les autres ; et que l'obligation du débiteur était également facultative. Le remboursement du capital n'est encore que l'accomplissement de l'obligation du débiteur , au moyen d'un équivalent prévu d'avance , et le droit fixe de 2 fr. est seul exigible sur l'acte de conversion de ces rentes en capital exigible à terme. (*Sic*, Champ., 1378).

LVI. Mais on ne rencontre plus aucun de ces caractères dans les rentes viagères. Le capital est aliéné sans espoir de retour ; le défaut de paiement des arrérages n'autoriserait pas même le crédi-rentier à se faire rembourser le capital , non plus que le débiteur ne pourrait lui-même se libérer en offrant de le rendre (1978-1979, C. N.) Le réméré , qui forme dans la rente perpétuelle le moyen de libération de l'obligation primitive du débiteur , n'existe pas dans la rente viagère, et si cependant le créancier consent à le laisser exercer, il autorise par là le changement de l'objet de la promesse. Le capital aliéné revient en son pouvoir par une véritable rétrocession passible du droit proportionnel.

C'est dans ce sens que la question a été résolue par le ministre des finances , le 7 juillet 1831 ; ( n° 10042, J. E.), et par l'Administration, les 12 janvier 1832 et 20 novembre 1835, (11402, J. E.)

LVII. On est surpris de voir MM. Champ. et Rigaud après avoir enseigné au n.° 1324 qu'il y a no-

vation quand la rente viagère est convertie en
créance à terme, qu'elle soit constituée à titre onéreux ou à titre gratuit, soutenir, contre la décision
ministérielle du 15 juin-7 juillet 1831, que la conversion d'une rente viagère en sommes annuelles
payables pendant un nombre déterminé d'années,
ne donne ouverture qu'au droit fixe (1329). Je le
demande, quelle différence y a-t-il entre une somme
de 10,000 fr. stipulée payable dans l'espace de 10
ans en 10 paiements, ou bien entre 10 annuités de
1,000 fr. ? La contradiction est manifeste, et d'ailleurs leur argumentation manque absolument de motifs. Ils se bornent à invoquer l'autorité d'un arrêt de
cassation du 5 décembre 1827, mais cette décision
est étrangère à la question. Il s'agissait de la conversion d'une rente perpétuelle en rente viagère et
la Cour statua : « *que la convention n'avait été entre*
» *les parties qu'un arrangement amiable ne donnant*
» *ouverture à aucun droit proportionnel.* » On voit
qu'on n'en peut tirer, même par induction, aucun
profit pour la doctrine que je combats.

LVIII. Cet arrêt, dans l'hypothèse à laquelle il
s'applique, me paraît d'ailleurs vicieux. Il y a, en
effet, entre la rente perpétuelle et la rente viagère,
des différences telles que ces deux conventions sont
incompatibles. La rente perpétuelle est rachetable,
la rente viagère ne l'est jamais, le débiteur qui cesse
de payer les arrérages de la première pendant deux
ans ou ne fournit pas de sûretés suffisantes au

créancier, peut être contraint au rachat; rien de semblable n'existe pour la rente viagère. Supprimer au débiteur de la rente perpétuelle sa faculté de réméré, c'est lui enlever un droit essentiel : celui qui est peut-être pour lui le plus intéressant à conserver. Et pour le créancier, n'est-ce pas le priver de la chance qu'il a de rentrer en possession de son capital? On ne peut guère changer davantage la nature d'une convention ; autant vaudrait dire qu'il n'y a pas de différence entre un capital et une rente.

L'arrêt n'est pas sérieusement motivé, et les auteurs qui l'approuvent n'ont pas rencontré une seule bonne raison à son appui. Ainsi, MM. Champ. et Rig., si abondants d'ordinaire pour soutenir les décisions contraires à l'Administration, le transcrivent sans y joindre un seul mot (n.° 1330). Les rédacteurs du *Journal de l'Enregistrement* ont cherché à le justifier, en disant que la conversion du perpétuel en viager, ou réciproquement, n'est qu'une modification du contrat, parce que s'il est vrai que la propriété du capital de la rente originaire passe du débiteur au créancier, ou *vice versa*, l'obligation et la créance *remontent au premier acte*. (Dict., 2.ᵉ édit. V.° Conv. 122.) C'est une mauvaise raison. Vous avouez que la propriété de la créance est transférée, et vous soutenez que la convention subsiste, parce que cette créance se rattache toujours au premier contrat. Mais quand je transforme, par exemple, en dépôt le prix que vous me devez pour l'acquisition de mon immeuble, est-ce qu'il n'y a pas novation, parce que la somme déposée dérive du contrat d'aliénation et remonte à lui comme à sa première origine?

Si l'on soutenait qu'il n'y pas novation, il faudrait, pour être conséquent, admettre que les cautions qui garantissent la première rente doivent encore la seconde. Or, cette conséquence est inadmissible. (Décision de l'Administration belge du 24 novembre 1858, n.° 825, Rép. périod.)

M. Garnier, au n.° 8967 du Rép. gén., achève de démontrer l'erreur de la jurisprudence. « *Suppo-* » *sons, dit-il, que Paul, tenu de servir à Pierre une* » *rente viagère de* 100 *fr., convertisse d'un commun* » *accord cette rente viagère en une rente perpétuelle* » *de* 50 *fr., et que plus tard, par une seconde conven-* » *sion, il s'oblige à lui payer la somme de* 1,000 *fr.* » *pour éteindre la rente perpétuelle. S'il est vrai,* » *comme le pensent les Rédacteurs, que la conversion* » *d'une rente viagère en rente perpétuelle n'opère pas* » *novation, comme la conversion d'une rente perpé-* » *tuelle en un capital exigible à terme ne nove pas le* » *contrat, deux droits fixes seront seulement exigibles.* » *Que résultera-t-il de cela? C'est qu'en définitive la* » *rente viagère que Paul servait à Pierre sera con-* » *vertie en un capital sans qu'aucun droit propor-* » *tionnel de novation ait été payé, ce qui est mani-* » *festement contraire à la règle.* »

LIX. Il faut dire la même chose de la conversion d'une rente viagère en rente perpétuelle, et décider qu'il y a novation possible du droit proportionnel.

LX. La rente viagère prend quelquefois le nom de *pension*. Cette expression n'est pas dans la loi civile, mais elle revient fréquemment dans les lois fiscales. Suivant Merlin, le mot *pension* se dit de ce qui est remis à quelqu'un pour *ses aliments*.

La pension peut être constituée gratuitement ou à titre onéreux, ainsi qu'il résulte de l'art. 14, n° 6 de la loi du 22 frimaire an VII. Sa destination indique assez qu'elle ne peut être que viagère, mais en quoi diffère-t-elle de la rente viagère proprement dite? En ce que l'objet de la dette est entièrement distinct. Dans le premier cas, il était dû des objets en nature, dans le second des arrérages pécuniaires. Or, ce changement de l'objet de la créance suffit pour opérer novation, selon l'art. 1271, n° 1 du C. Nap. Il semble cependant qu'on pourrait alléguer ici que la convention a eu simplement pour objet de substituer un mode de paiement à un autre, mais il faut remarquer que ce prétendu moyen de libération change radicalement la nature de la créance, et que la seconde obligation est si distincte de la première qu'elle n'a d'existence que parce que celle-ci n'en a plus ( Cass. 12 janvier 1847, Inst. 1796, § 19 ).

Le droit proportionnel est donc exigible sur les actes par lesquels on convertit une rente viagère en pension, ou réciproquement. ( Voyez : jug. Nantes, 29 avril 1849, 14810, J. E. ).

LXI. Au n° 8968, Rep. gén., M. Garnier rapporte une délibération du 30 avril 1825, établissant que l'acte par lequel un fils débiteur d'une rente viagère envers sa mère pour prix d'acquisition d'immeubles, convertit cette rente en l'obligation de nourrir, loger et soigner celle-ci jusqu'à son décès, est passible du droit fixe (8366, J. E.).

Cette décision contredit formellement les monuments de la jurisprudence et je ne puis me l'expliquer qu'en la considérant comme une de ces solutions d'espèce, sans autorité doctrinale, que l'équité dicte si souvent à l'Administration pour tempérer la rigueur du droit. La rente dont la conversion a eu lieu comprenait surtout des denrées; elle participait donc autant de la pension que de la rente viagère, et on a considéré que l'acte avait eu pour objet, moins de changer la nature de la dette que de procurer à la mère un moyen plus convenable de jouir de la pension stipulée au contrat de vente. On peut s'expliquer ainsi les motifs de la délibération, qui a été approuvée par M. le Directeur général, le 18 janvier 1826.

LXII. Il serait dangereux d'accepter comme un principe exact le raisonnement apparent de la solution, à savoir qu'en tout état de cause le fils étant obligé de fournir des aliments à sa mère ne faisait que remplir une obligation *naturelle* en opérant la conversion et que dès lors il n'y avait pas substitution d'engagement. La dette alimentaire n'est pas, en effet, une dette *naturelle* dans le sens juridique du mot. On réserve ce nom aux obligations que la loi présume contractées en fraude de ses dispositions, et qu'elle frappe d'invalidité jusqu'à ce qu'une exécution volontaire et libre émanée de l'auteur de l'acte vienne détruire la présomption de fraude ou d'incapacité.

Or, loin que la loi civile invalide l'obligation d'alimenter les ascendants, elle en consacre positivement l'existence dans l'art. 205, C. N. La dette alimentaire est donc une *dette civile;* elle résulte sans doute du droit naturel, mais à ce point de vue général presque tous nos engagements sont des obligations naturelles, car tous reposent sur des idées de morale telles que le respect de la foi jurée. Quand on parle d'obligation *naturelle* par opposition à l'obligation *civile,* comme dans la délibération dont il s'agit, c'est toujours avec le sens restreint indiqué ci-dessus qu'il faut entendre l'expression. Aussi, doit-on se garder de prendre à la lettre les motifs de la solution, pour décider qu'en principe la conversion d'une rente alimentaire en prestations en nature, n'opère pas novation.

LXIII. Je suppose que par le contrat même d'acquisition, un vendeur d'immeubles convertisse son prix de vente en une rente viagère, puis cette rente elle-même en une pension composées de prestations en nature. Y a-t-il lieu dans cette hypothèse, assez fréquente en pratique, de scinder les diverses dis-

positions de l'acte, afin de percevoir d'abord un droit
de mutation immobilière, puis un droit de constitution de rente pour la conversion du prix en rente
viagère, et enfin un troisième droit pour la novation
de cette rente en pension ?

L'affirmative est enseignée virtuellement par un
auteur dont l'autorité est imposante. « Le vendeur,
» dit Toullier, n° 306, vol. 7, qui convertit le prix
» de la vente d'un héritage en une rente constituée,
» même par le contrat de vente, n'a point le droit
» de faire, au préjudice des tiers, résoudre la vente
» à défaut de paiement de la rente. Le convertisse-
» ment du prix de la vente en rente constituée a
» opéré une novation qui éteint la dette antérieure
» et par conséquent les droits y attachés. Quoique
» la vente et la constitution de rente soient consi-
» gnées l'une et l'autre dans le même acte, on n'y
» distingue pas moins deux contrats différents, 1°
» la vente consentie pour une somme fixe; 2.° la
» constitution de rente qui aliène cette somme à per-
» pétuité: *tot sunt stipulationes quot res.* »

Je ne balance cependant pas à soutenir le contraire.

LXIV. Une convention est l'accord des volontés sur
un ou plusieurs faits. Cet accord ne se produit pas
toujours immédiatement et le consentement des parties suit souvent des voies détournées avant d'arriver à la perfection définitive de l'engagement. C'est
ainsi que dans un même acte il peut arriver que des

conventions soient modifiées et même quelque fois
détruites par les suivantes. Or, serait-il exact, pour
interpréter le résultat du contrat, de séparer les
unes des autres ces fugitives dispositions, et de leur
attribuer à chacune la signification énergique de
l'acte entier? Ce ne sont que des éléments dont les
parties ont ostensiblement fait usage pour arriver à
leur but, et afin de bien apprécier le véritable effet
de la convention, c'est l'ensemble du contrat et l'état
des volontés au moment de sa signature qu'il faut
considérer. Cette théorie n'est pas nouvelle. La loi
romaine confondait avec les contrats du droit civil
les pactes qu'on y adjoignait *in continenti*, et réglait
le résultat définitif de l'engagement par la combinaison de toutes leurs dispositions : « *Si ex continenti pacta subsecuta sunt ex parte actoris insint.* »
(Loi 7, § 5, Dig.; L. 2, titre 14), et les docteurs
avaient formulé cette règle par l'axiôme suivant :
« *pacto incontinenti apposita ipso jure contractui in-
sunt.* » Sage était cette doctrine, car les diverses stipulations comprises dans un même acte ne sont pas
des contrats distincts, lorsqu'elles s'évanouissent
avant sa clôture. Aussi nos anciens auteurs l'ont
reproduite. « *Multa tractantur*, disait Dumou-
» lin, *quæ non perficiuntur* », et il ajoutait: *contrac-*
» *tus circa idem facti, eadem die, etiam in diversis*
» *instrumentis, censentur correspectivi et inesse in-*
» *vicem mutua contemplatione facti* et UNUS CONTRAC-
» TUS ( des censives, §78, Glos. 1, n° 57). » Les
feudistes l'appliquaient tous à la perception des

droits seigneuriaux. Paul de Castro disait que ce droit n'était pas dû si les parties s'étaient désistées, *antequam diverterent ad alios actus, tunc contractus non videtur fuisse celebratus cùm non habuerunt pro perfecto.* Tiraqeau qui rapporte cette opinion au § 6, Glos. 2, n° 14, du retrait conventionnel, l'adopte sans restriction.

On peut voir dans le traité des fiefs de Guyot, tom 3, p. 308, les applications de ce principe et les comparer à ce que dit D'Argentré (*de Laudemiis*, 18), des effets des pactes de réméré joints *ex continenti* aux contrats de rente (Junge, Henrys, t. 1, liv. 4, quest. 4; et d'Olive, liv. 2, ch. 22).

On appréciera donc la nature du contrat et le résultat de la volonté des parties, par l'ensemble de l'acte et par la position des choses au moment où les contractants *diverterent ad alios actus.* Leur intention, ambulatoire jusque là, se fixe irrévocablement et produit la véritable convention. Aussi pensé-je, par ces motifs, que dans l'hypothèse proposée, il n'y a qu'une vente moyennant une pension en nature, et que dès-lors la perception du droit de transmission immobilière est seule légale.

LXV. A la théorie que je développe se rattache celle des actes *correspectifs*, également suivie dans l'ancien droit, mais qu'il faut appliquer avec beaucoup de prudence aujourd'hui, parce que à certains égards elle déroge au droit commun. « C'est une » règle certaine, dit Contramont sur l'art. 15 du

» tarif de 1722, que les actes de même fait passés
» le même jour entre les mêmes parties ou peu de
» jours l'un après l'autre, quoiqu'en divers instru-
» ments, ne forment qu'un seul et même acte. On
» les appelle correspectifs quand l'un est fait pour
» l'autre, et l'effet de cette correspectivité est de les
» faire considérer comme n'en formant qu'un, et,
» par conséquent, d'interpréter l'un par l'autre. »
On conçoit qu'il est en général très dangereux de
prétendre qu'un acte parfait au moyen de la signature des parties ne représente qu'incomplètement
le résultat de l'accord de leurs volontés, et qu'il faut
le combiner avec les autres conventions qui ont suivi.
Pour cela, il est essentiel que les faits soient patents
et l'intention évidente. Mais il n'est pas douteux
qu'en principe on percevrait des droits distincts si
les trois opérations dont j'ai parlé plus haut faisaient l'objet chacune d'un acte séparé, encore qu'elles soient intervenues le même jour. MM. Champ. et
Rigaud sont dans l'erreur en soutenant le contraire.
( N.° 1319.)

LXVI. L'usufruit est le droit de jouir des choses
dont un autre a la propriété comme le propriétaire
lui-même, à la charge d'en conserver la substance.
A cette jouissance correspond toujours un capital
sur lequel l'usufruitier n'a aucun droit, et qui demeure étranger aux modifications de sa jouissance.
Il n'y a donc aucune analogie à établir entre cette
jouissance et les rentes dont nous venons de nous
occuper.

C'est pourquoi toutes les fois qu'une rente sera
convertie en un usufruit, il y aura changement de
la nature de la dette, et, conséquemment, novation :
*mutata causa obligationis fit novatio.* (Cujas, Para-
ti. sur le Code).

LXVII. Il n'en est plus ainsi dans l'hypothèse inverse, et la transformation d'un usufruit en rente
se règle par des principes particuliers. La loi fiscale
a créé un tarif spécial pour les réunions d'usufruit
à la propriété, et les conventions dont nous parlons
tombent sous son application. (Art. 15, n.°6; 68 § 1,
n.° 42 de la loi du 22 frimaire an VII; 44, n.° 4 de
la loi du 28 avril 1816.)

Il faut remarquer avec soin que ces conversions
d'usufruit en rente ne sont pas des novations. L'u-
sufruit n'est point une dette du propriétaire du
fonds. C'est un droit privatif qui se soutient par ses
propres forces, indépendamment de toutes relations
avec le nu propriétaire. Lors donc que celui-ci rem-
place l'usufruit par une rente, il n'éteint aucune
dette, il fait une acquisition ordinaire. C'est ce
qu'ont justement reconnu des délibérations du 18
août 1819 (7036, J. E.); 9 juillet 1823 (Champ.,
1385); 7 août 1824 ( *id.* 1336); 6 septembre
1826 (13900, R. gén.).

Je crois donc que le tribunal de la Seine a commis
une erreur de droit en décidant le contraire le 25
mai 1842 (n.° 13008 du J. de l'Enreg.), et en auto-
risant la perception d'un droit *de novation* à 2 0/0

sur un acte par lequel un usufruitier cédait son droit au nu propriétaire moyennant une rente. Le tribunal se borne à déclarer qu'un tel acte présente tous les caractères d'une novation, tandis qu'au contraire il n'en révèle aucun. La première condition de l'existence d'une novation, qui est la nécessité d'une obligation antérieure, fait défaut au cas particulier, et doit éloigner toute idée de substitution de *dette*.

## SECTION VI.

*L'intention de nover ne résulte pas des simples modi-*
*fications apportées à la première obligation.*

**LXVIII.** Nous avons parcouru, dans les sections précédentes, les différents cas où les deux obligations comprises dans le contrat de novation sont incompatibles.

Il nous reste à voir maintenant plusieurs hypothèses dans lesquelles les engagments, quoique différents, ne se substituent pas nécessairement l'un à l'autre.

**LXIX.** Je vous ai emprunté 1,000 fr. il y a quelques années ; aujourd'hui, je reconnais vous devoir une somme de 2,000 fr., composée d'abord des 1,000 fr. antérieurement prêtés, puis d'une nouvelle somme de 1,000 fr. que je viens de recevoir de vous. Il est bien certain que si nous n'avons pas clairement manifesté l'intention d'éteindre la première dette, elle continuera à subsister. Le nouveau contrat ne sera pour elle qu'une espèce de titre nouvel remontant de droit à l'engagement antérieur, la seule et véritable source de la dette. La seconde reconnaissance ne produira d'effet obligatoire réellement nouveau qu'en ce qui concerne la dernière somme de 1,000 fr., et dès-lors le droit proportionnel d'obligation ne devient exigible que sur cette augmentation.

Ce sont les principes du droit civil qui déterminent la solution de la question bursale.

LXX. « Les modifications, dit Toullier 7-270, ne
» détruisent pas ordinairement la première obliga-
» tion à l'égard des points auxquels on n'a pas dé-
» rogé ou que l'on n'a pas modifiés. Ces points res-
» tent dans toute leur force en vertu du premier
» acte; si l'on y fait des additions, il en résulte
» seulement qu'il y a plusieurs obligations au lieu
» d'une. »

Ces dernières expressions du savant professeur
pourraient donner lieu à quelques doutes, car on
ne sait pas si dans sa pensée les deux obligations
consistent chacune dans la totalité de la somme due,
ou si la seconde ne se forme que de son excédant
sur la première. Ce qui pourrait égarer surtout,
c'est que Toullier paraît fonder sa doctrine sur deux
lois romaines d'après lesquelles précisément chacun
des engagements comprend la totalité de la chose
qui en fait l'objet. (L. 2, D. 46-2; Inst. quib. mod.
toll. obli., § 3.) Mais il ne faut pas oublier la différence qui existe entre la novation d'aujourd'hui et
ce qu'elle était au temps du Digeste. A cette époque,
l'*animus novandi* était laissé à l'appréciation du magistrat qui l'induisait des circonstances de la cause,
et il s'était formé sur cette question de fait une jurisprudence assez obscure et pleine de difficultés.
Ainsi, quand l'obligation avait été renouvelée par
une seconde stipulation et qu'elle renfermait en outre quelque chose de nouveau, on admettait l'*animus novandi*, et, conséquemment, l'extinction de la
première dette, parce que la réunion de ces deux

faits semblait révéler suffisamment la volonté des parties. Si l'une des deux conditions manquait, il n'y avait plus d'intention de nover, et alors, quoique la première créance ne s'éteignît point, la seconde prenait néanmoins régulièrement naissance, de sorte que le stipulant avait deux actions distinctes à l'occasion d'une même dette.

LXXI. L'augmentation de la promesse produisait donc à cette époque la novation, quand il y avait d'ailleurs une stipulation nouvelle. Mais la législation se modifia, et Justinien y introduisit le principe reproduit par l'article 1273 du Code Nap.: *La novation ne se présume pas, il faut que la volonté de l'opérer résulte clairement de l'acte.* Pothier avait bien saisi la différence quand il enseignait ( n° 596 des oblig.) qu'aujourd'hui il ne suffit pas que la nouvelle convention contienne *aliquid novi ;* mais qu'il faut surtout y rencontrer la déclaration explicite que les parties entendent faire novation. Telle était l'opinion de Basnage, traité des hypothèques , p. 1, ch. 17 ; et de d'Argentré, sur l'art. 447 de la Coutume de Bretagne.

L'idée de Toullier doit donc être entendue dans ce sens, que le second engagement ne forme réellement titre obligatoire qu'à l'égard des additions nouvelles.

LXXII. Les stipulations d'intérêts à venir et la reconnaissance d'intérêts échus sont, à certains égards, des modes particuliers d'augmentation du capital de la dette, et il convient d'examiner si l'on doit y appliquer les principes ci-dessus.

Il est un point d'abord sur lequel tout le monde est d'accord. C'est qu'aucun droit n'est exigible quand la convention d'intérêts est comprise dans le contrat obligatoire lui-même. Les intérêts ne sont ici qu'un accessoire de la créance et cet accessoire n'a même qu'un espoir d'existence future. Or, il est de principe que les dispositions secondaires sont exemptées du droit par la disposition principale, et l'art. 14 de la loi du 22 frimaire, an VII, déclare spécialement que dans les obligations , le droit est liquidé sur le *capital* exprimé (Champ. et Rig, n° 983 ; Dalloz, 1625; Garnier, 7654).

LXXIII. C'est ainsi qu'ont été rendues les décisions suivantes :

1° Un débiteur avait payé par anticipation son créancier, et celui-ci s'était obligé à lui tenir compte des intérêts jusqu'à l'époque d'exigibilité. Cette obligation n'était qu'une conséquence et une condition du paiement ; dès lors l'acte qui la renfermait, ne contenant pas plusieurs dispositions indépendantes, ne donnait ouverture qu'au droit de quittance. Sol, 17 octobre 1829 ; Dalloz, 1625.

2° Un sieur Tissot avait emprunté 100,000 f., remboursables un an après le décès de sa mère, avec convention que pour tenir lieu d'intérêts , il paierait en même temps que le capital une somme fixe de 50,000 fr. Une solution du 31 juillet 1824 ( Inst.

13

1150, § 11), repoussa la perception du droit d'obligation sur les 50,000 fr., parce qne la somme empruntée n'était que de 100,000 fr., et que l'addition résultant de la convention aléatoire représentait seulement des intérêts qui n'existaient point encore.

3° L'acquéreur d'un immeuble aliéné moyennant 100,000 fr. payables à terme souscrivit, pour les intérêts de son prix à écheoir pendant cinq ans, des billets à ordre montant à 25,000 fr. L'Administration décida le 29 mai 1819 (Dalloz, 1626), que la confection de ces billets ne changeait rien à la position des parties, mais cons.ituait un simple mode de paiment anticipé exempt de l'impôt. Le principe est exact, mais je dois faire remarquer que la conclusion serait quelquefois fausse, attendu qu'il y a conversion d'une dette civile en obligation commerciale, et que cette circonstance fournit, comme nous le verrons, une cause particulière à la perception du droit.

LXXIV. Mais on est loin de s'entendre quand il s'agit d'un acte postérieur, portant stipulation d'intérêts à l'occasion d'une obligation précédente où ils n'ont point été indiqués. « Cette seconde obligation » de payer les intérêts est différente de l'obligation » de payer le capital ; cependant il n'y a pas nova- » tion, parce que loin d'être incompatibles l'une » avec l'autre, ces deux obligations peuvent subsis- » ter ensemble et dans le même temps. ( Toullier, » 7-279.) »

Si l'exigibilité du droit proportionnel devait toujours se déterminer par l'idée de la novation, il serait vrai de conclure, avec MM. Champ. et Rigaud,
n.° 986, et Dalloz, 1634, qu'en règle générale, on
doit percevoir le droit quand les intérêts échus et
reconnus sont capitalisés pour en faire une dette
nouvelle substituée à celle qui dérive du contrat primitif et qui demeure éteinte; tandis qu'aucun droit
n'est dû quand les parties se bornent à reconnaître le montant des intérêts échus sans en nover
la dette, parce que l'obligation de payer les intérêts
résulte de l'acte qui contient l'engagement principal enregistré.

Mais il est un autre principe, particulier à la législation fiscale, qui domine toute la matière et dont
nous avons eu déjà occasion de parler. C'est que
l'impôt devient exigible quand une mutation de valeurs se révèle dans un acte civil, et que cet acte
forme pour les parties le véritable *titre* d'une dette
dont l'origine résultait peut-être d'une convention
précédente, mais qui jusqu'alors ne présentait
aucune certitude réelle. L'acte de règlement ou de
reconnaissance offre, en effet, au créancier, un *titre*
qui le dispense de faire constater judiciairement
l'importance de la dette, et sur lequel il va désormais fonder toutes ses réclamations. Cette ègle a
été developpée au sujet des arrêtés de compte; il
nous suffit de l'indiquer ici pour expliquer la cause
des variations que les auteurs ont cru voir dans la
doctrine de l'Administration.

Ainsi, le ministre des finances décida. le 3 février 1822, que si l'acte de soumission de rachat d'une rente perpétuelle contenait règlement de compte des arrérages dus au créancier, et que le débiteur promit d'en payer le montant dans un délai déterminé, il y avait lieu au droit d'obligation sur la somme à laquelle s'élevaient ces arrérages. Et l'Administration fit de cette décision une première règle générale, en l'insérant dans son Instruction n.° 1027.

La question se représenta dans un cas où, par acte notarié, un vendeur déléguait à ses créanciers une somme de 62,000 fr., puis les intérêts de chaque dette. Une solution du 6-9 octobre 1824 décida que la liquidation des intérêts échus sur lesquels aucune perception n'avait pu être assise lors de l'enregistrement du titre de la créance principale, emportait reconnaissance d'une nouvelle dette passible du droit de 1 0/0. Cette solution fut encore rapportée dans une instruction du 23 mars 1825, n.° 1156, § 3.

De même, le 3 septembre 1833, une délibération du conseil, motivée dans le sens de nos observations, reconnut que l'acte par lequel on arrête le montant de loyers arriérés, donnait ouverture au droit de 1 0/0, parceque ce n'était pas un simple acte de complément, mais que le compte des loyers était réglé entre les parties, qu'il était capitalisé et formait un nouveau titre de la dette du preneur. (Dalloz, n.° 1630.)

Ainsi encore, dans un acte par lequel un individu s'était reconnu débiteur de 1.° 1,000 fr., montant d'une obligation antérieure enregistrée ; 2.° 569 fr. pour intérêts échus, on fit percevoir le droit de 1 0/0 sur cette dernière somme, attendu qu'elle n'avait pas encore acquitté l'impôt et servait de titre au créancier. (Délibération du 28 mai 1825, 8093 J. E.; Conf. jug. Saverne, 23 août 1845, 13856 J. E.)

LXXV. On le voit, ce n'est point sur l'existence de la novation que la perception est basée, mais uniquement sur ce que la reconnaissance des intérêts échus forme pour le créancier le titre complet d'une dette auparavant indéterminée. Il suit de là que si le nouvel acte n'était pas suffisant pour former un *titre*, parceque, je suppose, les intérêts ne seraient pas capitalisés et que l'incertitude antérieure sur le montant de la dette subsisterait encore, le droit ne serait pas dû.

C'est dans des hypothèses semblables que l'Administration en a repoussé l'exigibilité.

1.° Un débiteur déclarait que les intérêts d'une créance établie par acte enregistré n'avaient pas été acquittés *depuis plus de cinq ans* ; le montant de la dette n'était point fixé, il n'y avait pas règlement entre les parties et si le créancier voulait poursuivre son débiteur, il était obligé de recourir à la première convention. Le second acte n'était donc pas une reconnaissance suffisammen  ractérisée pour être passible du droit, et, en effet, il en a été exempté. (Dalloz, 1632.)

2.° Dans un ordre amiable, il fut établi que le sieur D., créancier inscrit, recevrait de l'acquéreur des biens hypothéqués. « *le surplus de sa créance et les intérêts au jour du paiement.* » On conçoit très bien, par le même motif, que l'Administration ait décidé le 5 octobre 1832, que l'ordre n'apportait aucun changement à la position de chacun, et qu'en conséquence le droit fixe était seul exigible. (Champ. 987. Control. 2592). Mais il n'en eût pas été ainsi si les intérêts capitalisés avaient été de l'assentiment du débiteur l'objet de la convention.

3.° Il est vrai qu'on a décidé, le 7 octobre 1836, que le procès-verbal d'offres réelles du prix d'une vente d'immeubles et des intérêts échus de ce prix ne devait pas être soumis au droit de 1 0/0 à raison de ces intérêts, mais la délibération est motivée sur ce que les offres *ayant été refusées*, l'acte ne liait pas le débiteur. (Dalloz, n.° 1634.)

Il ne faudrait pas opposer à la doctrine qui précède une délibération du 24 janvier 1837 , d'après laquelle le droit de 1 0/0 n'est pas dû sur le jugement qui condamne un débiteur à payer le montant d'une obligation enregistrée et les intérêts capitalisés à la somme de 2,618 fr. En effet, la perception des droits d'enregistrement sur les actes judiciaires se règle par des principes particuliers. « Lors- » qu'une condamnation, dit l'art. 69, § 11, n.° 9 de

« la loi du 22 frimaire an vii, sera rendue sur une
« demande non établie par un titre enregistré et
» susceptible de l'être, le droit auquel l'objet de
» la demande aurait donné lieu, s'il avait été con-
» venu par acte public, sera perçu indépendam-
» ment du droit dû pour l'acte ou le jugement qui
» aura prononcé la condamnation. «

Pour rendre le droit d'obligation exigible sur les
intérêts échus, il fallait que le titre fut susceptible
d'être enregistré, et il n'en existait pas d'autre que la
convention principale qui l'avait été. On a donc pu
reconnaître ici que la dette des intérêts ne corres-
pondant à aucun engagement indépendant et spécial soumis privativement à l'enregistrement, le
droit de titre n'était pas dû.

Au point de vue de la perception sur les actes
civils et privés, le principe reste vrai dans toute
son étendue, et l'on peut conclure que le droit d'o-
d'obligation sera exigible sur les intérêts, toutes les
fois que la capitalisation et la reconnaissance postérieure en seront faites dans un acte pouvant servir
de titre au créancier.

LXXVI. Je ferai remarquer, en terminant, que
si en thèse générale la stipulation d'intérêts ne
change pas le caractère de la dette, il est cependant
des circonstances où elle révèle d'une manière près-
que certaine, l'intention de nover. Ainsi, si un individu qui a reçu en dépôt une somme d'argent
s'oblige à en payer les intérêts, il devient évident
que la convention a changé de nature, et qu'au

dépôt s'est substitué un *mutuum*. Un semblable résultat avait lieu en Droit romain (n.° 48 *suprà*.). Cette observation a une importance pratique assez grande, parce qu'il arrive fréquemment qu'un mandataire, dépositaire d'un prix de vente, s'engage à conserver la somme jusqu'au décès du vendeur et à lui en servir l'intérêt ; dans ce cas , il n'est pas douteux qu'il faut percevoir un droit d'obligation. (Délibération du 8 juin 1827, n.° 8784. J. E.)

LXXVII. La diminution de la dette n'en suppose pas non plus la novation. Si donc une obligation portant intérêts est suivie d'une autre qui en diminue le taux ou les supprime entièrement, il n'en résulte aucun changement dans la cause de la créance ; mais cette remise de dette est passible du droit de libération ou de donation , parce qu'elle équivaut, pour ce qui concerne les intérêts échus , à la renonciation à un droit acquis. C'est ce que décidait Lebrun , de la Communauté, liv. 2 ch. 2 sect. 1 n.° 37. (Junge, Pothier oblig. 586.)

LXXVIII. On ne peut pas évidemment induire la volonté de nover de ce qu'un créancier donne à son débiteur un délai plus ou moins long, car l'intention d'éteindre l'ancienne obligation ne résulte pas de stipulations pareilles qui n'ont rien d'incompatible avec la promesse antérieure.

La Cour de cassation a appliqué cette règle en matière d'enregistrement, dès le 13 octobre 1813, en déclarant que si un père après avoir rendu compte à ses enfants des biens de leur mère, prend terme pour payer le reliquat, le délai qui lui est accordé n'est pas le signe d'un prêt. ( Dalloz, 1640).

Décidé dans le même sens : 1° qu'on ne doit pas percevoir le droit d'obligation sur l'acte par lequel un créancier après avoir reçu plusieurs à-comptes sur une créance établie par acte enregistré, accorde un nouveau délai au débiteur pour le paiement de ce que ce dernier reconnaît lui devoir. ( Délibération du 20 avril 1822 , Dalloz, 1641.)

2.° Que le contrat contenant prorogation de délai accordé par le créancier d'un legs particulier à l'héritier débiteur pour le paiement de ce legs , avec stipulation d'intérêts et constitution d'hypothèque, n'est qu'un consentement ordinaire passible du droit fixe. (Délibération du 3 février 1829; *id.* 1642.)

LXXIX. On rencontre cependant un cas où la prorogation de terme produit en quelque sorte novation. Il s'agit du porteur d'une lettre de change ou d'un billet à ordre qui concède un délai à celui qui doit payer dans un temps déterminé. « La raison en est, » dit Favard de Langlade V.° novation, qu'à défaut » de paiement à cette époque, le porteur est tenu , » sous peine de déchéance de tout recours contre ses » garants, de faire les diligences prescrites. » Sa renonciation au terme change donc pour ainsi dire la nature de la dette qui, de commerciale, devient civile, et nous verrons que cette modification four-

nit une cause à la perception du droit proportionnel. (Cass. 21 mars 1808, cité par MM. Favard,
*loco citato.* Dalloz, coll. alph. 6 — 617. Cpr. Rej.
16 décembre 1841 Devil., 41-1-819.)

LXXX. Aux prorogations du délai se rapportent
les atermoiements et les concordats.

L'*atermoiement*, en général; est une convention
par laquelle un débiteur s'arrange avec ses créanciers pour se libérer du montant de ses dettes, à
certains termes et sans égard aux anciennes époques
d'exigibilité. Lorsque l'atermoiement intervient après
un jugement déclaratif de faillite et l'accomplissement des formalités qui en sont la conséquence, il
prend le nom de *concordat.*

Dans ces deux cas on conçoit que la convention
ne change pas la nature des dettes du failli et que
les créanciers poursuivent le recouvrement de leurs
anciennes obligations. Les accessoires seuls sont
modifiés, parce que la plupart du temps le débiteur
reçoit un plus long délai et donne des garanties
nouvelles, mais le droit auquel ces changements
s'appliquent, demeure invariable et ne se transforme pas en une nouvelle créance.

On pourrait élever quelques doutes au sujet du
concordat. Presque toujours en effet, l'ancienne
obligation du failli y éprouve de profondes métamor-
phoses. Elle en sort surtout amoindrie par des
remises partielles, et accompagnées de conditions
qui la rendent méconnaissable. Cependant la nova-

tion n'a pas lieu. Cette remise, commandée par la force des choses et accordée à titre d'arrangement, n'est à certains égards, jamais définitive ; au fond du droit, le failli est toujours débiteur de l'ancienne dette, tellement qu'il ne peut se faire réhabiliter sans payer le montant des sommes dont ses créanciers avaient comme suspendu le paiement, (art. 604 C. com.). Paris, 22 juin 1844 P. 44-2-92.

LXXXI. Mais s'il en est ainsi, si l'atermoiement et le concordat ne contiennent que des prorogations de délai ou des adjonctions de garanties, pourquoi l'art. 69 § 2 n.° 4 de la loi du 22 frimaire an VII les avait-il tarifés au droit proportionnel de 50 c. 0/0 sur les sommes que le débiteur s'oblige de payer? C'est uniquement parce qu'il résulte de l'atermoiement une interversion du titre de créance. Le débiteur ne sera désormais poursuivi qu'en vertu du nouveau contrat, sans que les créanciers aient besoin de remonter à l'ancien. Nous rencontrerons tout à l'heure le même principe dans la matière des conversions d'obligations civiles en obligations commerciales, et c'est pour avoir perdu de vue cette idée, que MM. Champ. et Rigaud enseignent, n.° 1000, que le législateur s'était écarté ici des véritables principes. La seule dérogation que l'on doive justement signaler, vient de la réduction du tarif du droit ordinaire d'obligation, abaissé à 50 c. 0/0 par une faveur que l'administration a fait remarquer dans l'instruction 1180 § 1.

LXXXII. La loi du 24 mai 1834 a poussé plus loin la bienveillance. Elle a décidé, art. 14, que les concordats et atermoiements consentis conformément aux art. 519 et suivants du Code de commerce, ne seraient assujettis qu'au droit fixe de 3 fr. Il faut bien remarquer que c'est là une mesure tout exceptionnelle, et c'est pourquoi l'instruction générale n.° 1471, n.° 1, *in fine*, fait observer : « *que cette* » *réduction de droit est restreinte aux actes en ma-* » *tière de faillite désignés d'une manière expresse par* » *les articles de la loi de 1834 en se référant aux* » *articles du Code de commerce où ces actes sont pré-* » *vus et définis.* » On doit conclure de là que la tarification établie par cette loi nouvelle s'applique seulement aux atermoiements qui restent dans les limites de la section 2 du Code de commerce au titre des faillites, et qu'il faut en refuser le bénéfice à tous les arrangements qui ne rentrent pas exactement dans cette catégorie. Mais la véritable difficulté consiste à distinguer l'atermoiement du concordat, et la jurisprudence n'est pas toujours sans hésitation sur ce point.

LXXXIII. Il en est de la clause pénale comme du terme ; pas plus que lui elle n'est le signe nécessaire de la novation, *pœnales stipulationes novationem non inducunt, eminvero in his non id agitur ut debitor ex priori causa liberetur, sed potius ut ad solutionem pœnæ metu urgeatur.* ( Pothier, ad Pand. de nov. 21.) Cette décision qui était celle des jurisconsultes du Digeste, à une époque où la volonté de nover était une question d'appréciation, a une signification très caractérisée aujourd'hui que la novation ne se présume pas.

Vous devant 2,000 fr. par acte enregistré, je m'engage à vous payer 100 fr. si je ne m'acquitte pas dans deux ans. Cette obligation secondaire ne nove pas l'engagement primitif ; elle est purement éventuelle et n'existera que si le délai de deux ans se passe sans paiement. Il s'ensuit que cette convention ne donne lieu à aucun droit proportionnel, ni sur l'ancienne dette qui n'est pas novée, ni sur l'obligation de la clause pénale qui est affectée d'une condition suspensive

LXXXIV. Quand le débiteur ajoute à son engagement une hypothèque, une caution ou autre garantie, il n'éteint point sa première promesse, puisque ces accessoires ont pour but d'en assurer précisément l'exécution. Le droit proportionnel d'obligation ne sera donc jamais exigible sur des conventions de cette espèce ; la doctrine et la jurisprudence sont unanimes pour l'établir.

LXXXV. L'intention de nover ne résulte pas davantage de la simple reconnaissance par acte notarié d'une créance commerciale, lors même que le débiteur joindrait à son obligation des garanties ordinaires. C'est toujours en effet la lettre de change ou le billet à ordre qui forme le titre constitutif de la dette. L'acte d'où résultent des garanties telles qu'une affectation hypothécaire n'emporte pas exécution parée ; le créancier, avant de poursuivre le débiteur, devra faire protester ses effets négociables et obtenir un jugement devant la juridiction commerciale. L'inscription, dans le cas proposé, a seulement eu pour but de déterminer les effets du principe général de l'art. 2092 du C. N., d'après lequel les biens d'un débiteur sont le gage commun de ses créanciers, et d'assurer à l'un d'eux la faveur de la priorité ; mais elle n'engendre pas une nouvelle promesse. Il existe deux titres obligatoires pour une seule dette. En droit civil, la novation ne s'est donc pas opérée. (Grenoble. Arrêt du 17 juin 1826, J. Pal., 29-2-92 ; 17 juin 1828; Sirey-1828 II p. 139; Cassat., 21 février 1826 J. P. 27-1-128 ; Zachariæ 2 § 383 ; Dalloz 1523, vol. 21 ; Marcadé, art. 1273. Cpr. Rej. 28 juill. 1823, J. 23-1-414; Bor 27 janv. 1819, J. 21-1-124; Rej. 16 janv. 1828, J. 28-1-294.)

LXXXVI. Ces principes sont complètement acceptés par la loi fiscale. Pas plus en matière d'enregistrement qu'en droit civil il n'y a novation dans la simple reconnaissance par acte notarié d'une dette commerciale, mais il n'en résulte pas que le second titre doive être exempt du droit proportionnel.

La loi de l'impôt et la loi civile marchent toutes deux sur un même terrain qui est celui des conventions humaines. Presque partout elles se rencontrent dans une uniforme appréciation des faits et ues choses, parce que la vérité ....... et qu'il n'y a pas deux façons de l'interpréter. Mais si la loi bursale est la sœur de la loi civile, elle n'en est pas l'esclave; elle aussi a sa philosophie particulière, et peut-être n'est-ce point une étude aussi aride qu'on le pense de scruter l'innombrable série des contrats, pour rattacher chacun d'eux par son but et ses effets aux grands principes de la science économique. Il en est pour qui la perception se rabaisse au niveau d'une simple mesure fiscale, d'un instrument aveugle de production budgétaire; pour ceux-là, je l'ai déjà dit, l'Enregistrement ne sera jamais qu'une science abstruse, sans unité juridique, et qu'on ne comprend qu'à condition de l'appliquer comme un calque sur les règles du droit civil. Aussi, dans tous les cas où la jurisprudence, fidèle gardienne des traditions de la loi, a rejeté les conséquences de cet asservissement, a-t-on crié à l'hérésie, à la confusion, à l'obscurité. Rien n'est plus faux. La législation bursale a une physionomie qui lui est propre; elle a des principes particuliers que nous ne rencontrons pas ailleurs, même dans la loi civile. Comme toutes les branches du droit public, elle s'appuie sur les motifs élevés du bien général, et si elle sacrifie parfois des intérêts individuels, c'est que les résultats isolés s'absorbent dans les faits généraux comme le citoyen dans l'Etat. Nous trouvons ici précisément l'occasion de donner un exemple de ces considérations.

Le législateur de l'an vii avait à frapper de l'im-

pôt les obligations civiles et commerciales. Dans un
esprit entièrement favorable au commerce et pour
aider à son développement, il assujettit à un droit
peu élevé les effets négociables, tandis que les titres
d'obligations civiles furent plus sévèrement traités.
(Art. 69, § 2 n.° 6, et § 3, n.° 3 de la loi du 22 frim.
an VII.) Mais du moment qu'un titre commercial,
sans changer précisément de nature, aspire à profiter des garanties des engagements civils, et cherche
à se les assimiler, ne paraît-il pas conforme aux
idées les plus élémentaires de la justice distribu-
tive qu'il vienne payer à l'Etat le même droit que
l'obligation civile dont il usurpe les priviléges? Autrement, et comme le faisait remarquer avec beaucoup de sens le Tribunal de Toulouse (n.° 3134,
R. de M. Fessard), toute équité serait rompue dans
la répartition de l'impôt, si au moyen d'un droit de
25 c. 0/0 pris sur les titres commerciaux, on pouvait
se dispenser de payer le droit de 1 0/0 exigé par la
loi pour les titres civils.

Il est certainement équitable que le droit de 1 0/0
soit perçu sur l'acte civil, mais ne doit-on pas im-
puter celui dont la créance commerciale a été frappé,
pour ne réclamer que l'excédant. Ce résultat serait
en effet véritablement juste, si l'obligation se dé-
pouillait totalement de son caractère pour revêtir
les seuls dehors du contrat civil; mais il n'en est
point ainsi. Le créancier veut avoir deux titres à la
fois, d'abord conserver son titre commercial qui
assure à son obligation toutes les prérogatives ex-

orbitantes de ce droit exceptionnel, puis obtenir un titre civil avec son cortége ordinaire de garanties énergiques. Il n'est pas irrationnel qu'il acquitte sur ces différents titres l'impôt que la loi a créé pour chacun d'eux.

D'ailleurs, lors même que la première créance s'évanouirait totalement, des impossibilités d'un ordre élevé s'opposent à la restitution. La rentrée uniforme de l'impôt dans les caisses de l'Etat est essentielle pour l'administration des services publics ; elle n'aurait plus rien de stable si l'on introduisait dans la législation fiscale le principe des restitutions équitables. Rien ne demande plus d'ordre que la comptabilité des finances, et tout serait bouleversé s'il était permis de revenir ainsi sur des faits accomplis. C'est pour cela que l'art. 60 de la loi du 22 frim. an VII défend de restituer les droits *régulièrement* perçus, c'est-à-dire perçus conformément aux lois en vigueur au jour de la convention ou de son enregistrement.

LXXXVII. D'après ce qui précède, on voit que ce n'est pas du tout par l'idée de la novation qu'il faut expliquer l'exigibilité du droit proportionnel. Les nombreux arrêts qui ont fixé la jurisprudence sur ce point ne contiennent rien de semblable et ils reconnaissent tous que cette question est indifférente à la perception (Cass. 17 prairial an XII, J. 290 § 11 ; 22 décembre 1807 ; 1.er février 1813, 4427 J. E. ; 5 août 1833, Inst. 1446 § 8 ; 20 août 1834

14

Inst. 1473 § 5 ; 30 mars 1835, Inst. 1490 § 8 ; 18 août 1835, Inst. 1504 § 3 ; 8 avril 1839, Inst. 1601 § 8 ; 5 août 1854, Inst. 2019 § 7.)

C'est uniquement parce que la dette commerciale vient demander à un titre civil le secours de sa protection et que la loi bursale a spécialement tarifé les titres obligatoires de cette nature au droit de 1 0/0, que cette quotité devient applicable. « A la vé- » rité, *dit l'arrêt du 8 avril* 1839, le même jour » le défendeur a souscrit des billets à ordre pour le » même objet que son obligation civile ; de cette » circonstance il ne résulte pas sans doute que par » la constitution d'hypothèque il y ait eu novation, » mais les billets et l'acte notarié, quoique relatifs » au prêt d'une même somme, ont formé les titres » de deux obligations différentes devant produire » des effets distincts, et chacune de ces obligations, » diversement tarifée par la loi, a son caractère » propre. »

Il doit résulter de là que lors même qu'aucune garantie civile ne serait donnée dans le second acte, le droit proportionnel n'en serait pas moins exigible, par le seul motif que ce titre existe. C'est en effet ce que la Cour de cassation a décidé le 14 novembre 1849 (Inst. 1857, § 9) par un arrêt si clairement motivé que je regrette de ne pouvoir le reproduire ici, mais qu'il faut lire pour se fixer définitivement sur la question. (Conf. Jugem. Evreux, 9 juillet 1850, 8232, R. de M. Fessard ; Amiens, 17 janvier 1850, 8264.)

LXXXVIII. Lorsque l'affectation hypothécaire ou le cautionnement civil joint à la créance commerciale est l'exécution d'une disposition de la loi, ces garanties n'apparaissent plus comme principalement destinées à faire obtenir au créancier les faveurs d'un titre civil. On attribue à ces contrats accessoires les simples effets d'une dation de gage, et la perception se règle d'après le tarif qui s'y applique. Ainsi, si le porteur d'une lettre de change la passe à l'ordre d'un tiers en donnant un cautionnement acompagné d'hypothèque, il ne se forme pas un nouveau titre d'obligation, le porteur accomplit seulement par avance la prescription de l'art. 120 du Code de commerce qui l'astreint à fournir caution à défaut d'acceptation. (Sol. 26 juillet 1826, Inst. 1204 § 1 ). Il en est de même du cas où le tireur affecte des biens pour garantir l'endosseur de tout recours. (Délibération du 10 avril 1822, n.° 7811, J. E.)

LXXXIX. Reste à examiner maintenant l'hypothèse inverse, la conversion de l'obligation civile en obligation commerciale.

Cette question a très peu d'applications pratiques et en matière d'enregistrement, les auteurs n'ont fait que l'effleurer. Elle ne manque cependant pas d'intérêt.

Tous les actes qui produisent des engagements commerciaux peuvent revêtir la forme notariale. (Pardessus, 2-330; Nougier, 1-72; Dalloz, 38;

Cass. 30 juillet 1828 ; 10 février 1834 ; 28 janvier 1835 ). Les obligations de sommes se constatent très valablement ainsi, au moyen d'une lettre de change ou d'un billet à ordre, pourvu que les énonciations exigées par la loi pour chacun de ces actes, soient scrupuleusement observées. Malgré la présence du fonctionnaire civil, le titre de ces créances conserve son caractère commercial et jouit du bénéfice de la réduction des droits. Il suit de là que si la dette était postérieurement comprise dans un compte courant, un billet à ordre ou une lettre de change ordinaire, ce nouveau titre, commercial comme l'autre, ne pourrait donner ouverture à aucun droit proportionnel, s'il n'y a pas d'ailleurs intention de nover. ( Champ. et Rig., n.° 1017 ).

Mais si, indépendamment de la forme notariale, l'obligation présente les caractères d'un titre civil, parce que, je suppose, les indications prescrites par l'art. 188 du Code de commerce ont été omises, elle sera tarifée, comme les promesses ordinaires de payer, au droit de 1 0/0. Que si maintenant on lui attribue par acte privé, la forme d'un effet de commerce, la nature de l'obligation ne sera pas changée sans doute, mais il naîtra un titre différent passible du droit spécial de 50 c. 0/0 ou de 25 c. 0/0. C'est l'application pure et simple du principe développé au précédent article et il n'y aura pas à considérer si la novation a eu lieu ; cette question, fort difficile en droit civil, et diversement résolue par la jurisprudence (1), est généralement sans intérêt pour la perception. Il y a deux titres distincts ayant chacun leur utilité spéciale; cela suffit à l'application des diverses dispositions du tarif. L'intention de nover n'est utile à constater qu'en ce qu'elle fournit un motif de plus à l'exigibilité du droit.

Qu'arriverait-il si un acte notarié contenant toutes les prescriptions utiles à la formation d'un effet de commerce, y ajoutait les garanties ordinaires en matière civile, telles qu'un gage, une dation d'hypothèque? Comme un titre ne peut pas être en même temps commercial et civil au point de vue de la perception; il y aurait à décider, en fait, si les stipulations accessoires sont suffisantes pour lui attribuer le caractère d'acte civil, ou sont assez indifférentes pour laisser dominer l'élément commercial. De la solution de cette question préjudicielle découlera la règle pour l'application du tarif.

Il se peut faire enfin qu'une créance purement civile soit reconnue ou constatée par un titre commercial. En droit, cette opération ne serait pas valable, parce qu'un engagement commercial peut seul faire l'objet d'une lettre de change ou d'un billet à ordre et que les causes de ces obligations sont soigneusement déterminées à l'art. 632 du Code de commerce. Cependant, s'il arrivait qu'un débiteur réglât par des billets à ordre le montant

(1) Lyon, 20 mars 1833, S. 34-2-29 ; Rejet, 2 janv. 1807 , S. 7, 1-61.

d'une promesse civile, l'acte réunirait la perfection nécessaire à la perception du droit. L'Administration n'a point à s'enquérir des vices qui affectent les conventions, ni des possibilités d'annulation qui en découlent. Cette solution se rattache à la théorie des nullités dont nous dirons un mot tout à l'heure.

XC. Aucun des principes qui déterminent l'exigibilité du droit proportionnel sur les conversions d'obligations civiles en obligations commerciales n'est applicable quand le changement n'affecte que la forme du contrat et laisse à la créance sa nature primitive.

En effet, de ce que les parties ont remplacé un contrat privé par un contrat notarié ou réciproquement, il n'en résulte pas qu'elles aient eu l'intention d'éteindre la première obligation. Il est évident, au contraire, qu'elles ont voulu la laisser subsister, puisqu'elles n'ont changé que son vêtement civil. Il n'y a donc pas novation. En outre, bien que le titre qui renferme la preuve littérale du consentement soit changé, cependant sa nature n'a pas varié. Au fond, c'est toujours un même contrat civil ou un même titre commercial qui naît des deux actes différents, et le créancier n'acquiert, par le second, aucune garantie qui ne pût être contenue dans le premier, ou n'en provînt directement ou indirectement.

XCI. Ainsi, si je reconnais par acte notarié vous

devoir une somme de 1,000 fr., montant d'une promesse privée antérieure, la nature de ma dette est
toujours civile. Nous pouvons y joindre, il est vrai,
une affectation hypothécaire et il en résultera pour
vous le bénéfice d'une garantie particulière, mais
il faut remarquer que cet avantage est implicitement
contenu dans le billet lui-même, puisqu'on peut
l'obtenir au moyen d'un jugement. Le second engagement apparaît donc comme l'exécution pure et
simple ou le complément d'un acte antérieur, et si
celui-ci a été enregistré, l'autre sera passible d'un
simple droit fixe.

XCII. Seulement nous dirons avec MM. Champ.
et Rigaud n.° 1009, que dans l'hypothèse de la
substitution d'une obligation sous seings privés à
une obligation notariée, il y a de fortes présomptions de croire que les parties ont voulu créer une
dette nouvelle, car il serait difficile d'expliquer
autrement le sens de leur opération. Pour peu que
les autres circonstances de l'acte viennent corrobo-
rer cette induction, on pourra y voir une intention
évidente de nover, et dès lors percevoir le droit
proportionnel.

XCIII. Les mêmes raisons feront décider que si
un débiteur, judiciairement condamné, souscrit
une obligation pour le montant de sa condamnation,
le droit proportionnel ne sera pas exigible en principe, parce que cette conversion de titre n'emporte
pas nécessairement novation et ne change pas la

nature de la dette ; mais ici, comme dans le numéro précédent, l'intention de nover s'induira assez facilement.

XCIV. Quand on réalise par acte en forme une convention rédigée en projet, il va sans dire qu'il n'y a pas novation, attendu qu'il n'existe aucun engagement antérieur à éteindre, et que l'obligation prend seulement naissance dans le second contrat. Aussi, le droit d'enregistrement de la convention est-il exigible sur ce contrat. Il n'y a pas à examiner s'il a été perçu par anticipation sur le projet. En effet, cette perception serait une erreur dont les parties pourraient demander la rectification avant la prescription biennale, mais les droits dus sur chaque acte étant indépendants les uns des autres, on ne peut faire d'imputation d'un premier contrat à un second, et la perception s'établit très régulièrement sur le dernier. La doctrine contraire de MM. Champ. et Rig. est une erreur manifeste.

# CHAPITRE III.

XCV. L'effet de la conditionnalité de l'un des engagements a produit, dans la doctrine de la novation, des controverses assez vives. On s'est demandé d'abord si une obligation affectée d'une condition suspensive pouvait être actuellement remplacée par une dette pure et simple. Ainsi, je vous dois 5,000 fr. si tel chargement de blé arrive d'Afrique, et nous convenons que je serai libéré de cette créance en vous donnant aujourd'hui mon cheval. M. Zachariæ et ses annotateurs ( II, p. 390 ) enseignent que la novation n'est pas possible, et ils appuient leur système sur les principes du droit romain. On lit, en effet, dans plusieurs lois du Digeste, que l'obligation conditionnelle n'est point un engagement mais une simple espérance d'obligation (L. 8 § § 1 et 2; L. 14 § 1, D. 46 2.). S'il en est ainsi, cette créance ne prend naissance qu'au moment où la condition se réalise et c'est à partir de cette époque seule qu'elle peut jouer un rôle dans la novation, puisque celle-ci n'est possible qu'entre deux obligations réellement existantes. Il me paraît que c'est pousser bien loin les déductions de la logique et pécher par trop d'abstraction. A la vérité, la dette conditionnelle n'a pas l'énergie de l'obligation actuelle, elle est même, si vous voulez, très imparfaite, mais elle existe telle quelle, et engendre des effets certains. « *L'une des parties*, dit M. Troplong, ( de la vente n.° 54, ) *ne peut en décider sans le consentement de l'autre.* » N'est-ce pas là une preuve bien claire de la réalité du *vinculum juris*, et cette réalité n'est-elle pas suffisante pour la novation ?.

En droit romain où la sévérité de l'*ipsum jus* n'admettait guère de transaction avec les conséquences d'un principe, il est possible que le jurisconsulte n'ait pas vu dans ce *vinculum juris* assez de puissance pour figurer dans une opération de la loi, et éteindre une obligation civile, mais c'est un anachronisme de reproduire chez nous de semblables théories. Au reste, le droit romain lui même donne tort à M. Zachariæ, et le savant auteur ne me semble pas avoir fait une application complète de sa doctrine à notre législation.

Le jurisconsulte Gaïus, après avoir insisté sur

le caractère incertain de l'obligation conditionnelle et sur son impuissance à produire une novation actuelle en droit strict, ajoute au § 179 de son 3.⁰ commentaire, que cependant on examinera l'intention des parties et que si elle est évidente on protégera la novation par l'exception de dol ou de pacte. Qu'on le remarque, cette décision inapplicable au droit strict et qui ne s'était introduite qu'à la faveur de l'équité, est la seule qu'on puisse transporter chez nous, où toutes les conventions s'éxécutent de bonne foi et où les exceptions de dol ou de pacte sont toujours sous entendues. Cette simple observation me paraît suffire à démontrer l'erreur de M. Zachariœ.

XCVI. Il doit demeurer constant que l'obligation conditionnelle peut-être novée par une obligation pure et simple, quand telle est la volonté des parties. Cette volonté peut résulter quelquefois des circonstances. Par exemple, je vous ai promis 2,000 fr. si j'obtiens tel emploi. Afin de me dégager de mon obligation, je reconnais vous devoir purement et simplement 500 fr. La valeur comparée des deux engagements manifeste hautement l'intention des contractants, de substituer dès aujourd'hui la dette de 500 fr. à la créance conditionnelle de 2,000 fr. Vous avez pu préférer une certitude moindre à une espérance plus forte. La novation est donc actuelle.

Au contraire, si à la place des 2,000 fr. que je

me suis engagé à vous payer si j'obtenais tel emploi, je m'oblige sans rien dire de plus à vous donner mes deux chevaux qui valent 2,000 fr., il est bien clair que la substitution de la dette actuelle ne doit s'opérer que quand l'arrivée de la condition imposée à la première promesse l'aura rendue elle-même assurée. On ne peut pas croire que le débiteur ait voulu changer une obligation aléatoire de telle somme contre une obligation certaine de même importance. Dans cette hypothèse, la condition frappe véritablement sur l'existence même de la novation qui ne doit s'accomplir que lors de sa réalisation. C'est pour cela que le droit proportionnel ne deviendra exigible que si la condition s'accomplit, parce qu'alors seulement la seconde obligation se substitue à la première ; tandis qu'il devait être immédiatement perçu sur la novation actuelle d'une obligation conditionnelle. C'est dans l'intention des parties que nous recherchons les motifs de la perception et non pas dans les textes de la loi.

XCVII. On peut aussi nover une obligation pure et simple par une obligation conditionnelle quand les parties entendent opérer dès aujourd'hui cette substitution. Au lieu de 200 fr. que je vous dois, je conviens de vous donner tel cheval que mon frère doit me ramener d'Afrique et qui vaut 1,000 fr. — Cette convention est pure et simple : ma dette de 200 fr. est immédiatement éteinte, elle est remplacée par une créance qui peut être de 1,000 fr.

comme aussi n'avoir aucune réalité. Or, cette alternative est parfaitement juste. Il ne faut pas dire
avec Toullier ( (315-7 ) que si la seconde obligation
est soumise à une condition suspensive, l'extinction
de la première est aussi nécessairement subordon-
née à l'événement de la même condition, car cette
nécessité n'existe pas du tout; elle serait à la fois
injuste et contraire à la volonté des parties. Il faut
aussi et par les mêmes motifs repousser cette fausse
idée de Pothier ( n° 586 oblig.), que soumettre le
second engagement à une condition ou y soumettre
la novation c'est la même chose. Les deux faits sont
au contraire très différents, et on peut s'en convaincre par l'exemple que je viens de citer.

Mais quoique la novation puisse s'opérer actuellement, le droit proportionnel n'est pas pour cela
exigible. En effet, le second engagement, bien qu'il
ait éteint sans retour la première dette, n'a point en-
encore d'existence assez assurée pour servir de base
à la perception de l'impôt. Jusqu'à l'arrivée de la
condition, ce n'est à proprement dire qu'une chance,
*spes tantum debitum fore.* La convention n'est pas
définie, et elle ne sera passible du droit proportionnel que quand la réalisation de la condition lui
aura attribué un caractère certain. Car nous savons
que ce n'est pas à cause de l'extinction de la première obligation que le droit de la novation se perçoit mais à raison de la création d'un nouveau lien.


XCVIII. Tout ce qui vient d'être dit pour la con-

dition suspensive s'applique à la condition résolutoire. « *C'est toujours, dit Marcadé, sur l'art.* 1272,
» *C. N. par les circonstances à défaut d'une expression*
» *claire de la volonté des parties que l'on décide si*
» *c'est la novation même ou seulement l'obligation*
» *nouvelle qui doit s'évanouir par l'accomplissement*
» *du fait prévu.* » Mais la condition résolutoire ne
suspend pas l'existence de la promesse, celle-ci existe
et doit être exécutée en attendant l'événement. Or, si
l'obligation est parfaite, le droit proportionnel est
exigible, et comme les événements ultérieurs sont
sans influence sur sa perception (art. 60; L. 22
frim., an VII), il ne sera pas restituable, quoique
l'obligation soit rétro-anéantie quand la résolution
conditionnelle vient à opérer. (Cass. du 28 août
1815, 5295, J. E. — Champ. 964; Dalloz, 1639).

XCIX. Nous terminons notre travail par l'examen
des effets, relativement à la perception, de l'annulation d'un des engagements compris dans la novation.

En droit civil, rien ne paraît plus simple que
cette question.

La novation n'étant que la substitution d'une
créance à une autre, si l'une des deux est nulle pour
erreur, violence, impossibilité, etc., etc., il en résulte, ou que l'ancienne obligation ne s'est pas éteinte
ou bien, si la nullité frappe sur celle-ci, que la
nouvelle n'a pu se former faute de cause. La no-

vation n'a donc été qu'une vaine apparence sans
réalité.

Cependant, il faut remarquer que si l'obligation
venait à être annulée pour une cause postérieure
au contrat, ou imputable au créancier, la novation
n'en aurait pas moins éteint l'ancienne obligation
avec tous ses accessoires. Par exemple, pour me
libérer d'une dette, je vous ai attribué une créance
qui m'a été donnée par Pierre envers lequel je
n'exécute pas les conditions de l'acte. Si vous avez
accepté la dation en paiement, la novation a produit tous ses effets et lorsque mon donateur viendra
reprendre sa créance, vous rechercherez vainement
votre première obligation, car elle a disparu et rien
ne peut la faire revivre, d'après la règle : *obligatio
semel extincta non reviviscit.* Taulier, vol. 4 p. 398.
(L. 98 § 8, D. 46-3. Cass: 19 juin 1817, Sirey t.
19-35.)

C. L'annulation qui résulte de l'incapacité à des
caractères particuliers qui ont égaré la doctrine
presque tout entière.

Il est de principe que l'incapacité d'une des parties
n'est point un obstacle à la formation de l'engagement, qui subsiste au contraire jusqu'à ce que
l'annulation en soit proposée sur la poursuite de
l'incapable, (1125. C. N.). Mais quand cette obligation a été ainsi déclarée non avenue, elle s'anéantit
rétroactivement, et il semble que la novation doit
elle-même disparaître puisqu'elle n'est possible
qu'au moyen de deux obligations dont l'une n'existe

plus. A cela on objecte que sans doute l'obligation
de l'incapable a été rescindée, mais que nonobstant
la dissolution du lien civil, il reste entre les parties
une dette naturelle qui suffit pour valider le contrat.
Cette idée est entièrement fausse. Il suffit, pour
s'en convaincre, de bien déterminer le caractère de
l'obligation naturelle en droit français. Ce ne serait
pas la définir suffisamment que de dire avec plusieurs
auteurs que c'est un engagement valide en conscience
et nul en droit, car notre législation étant fondée
sur la bonne foi et sur l'équité, on ne voit pas
comment un engagement juste et raisonnable peut
être réprouvé par la loi. On pourrait dire plus justement, comme nous l'avons fait remarquer ailleurs,
que l'obligation naturelle est un engagement qui a
été contracté en dehors des conditions de la loi civile,
et que celle-ci refuse de sanctionner, tant qu'une
exécution volontaire ou une ratification régulière
n'a point couvert la présomption d'invalidité qui
entachait son origine. Ainsi, la dette contractée par
l'incapable n'est point acceptée par la loi, parce
qu'il semble au législateur que le consentement n'a
pas été suffisamment réfléchi. Si cet incapable vient
en reconnaître l'existence, on sait alors que la promesse civilement annulable était demeurée naturellement obligatoire, mais quand au lieu d'en faire
librement l'aveu, lorsqu'il a acquis ou recouvré sa
capacité, il proteste contre sa formation et la fait
annuler, il est certain qu'il n'a jamais été obligé ni
en droit ni en équité.

CI. Au reste, les principes de droit civil demeurent à peu près sans influence sur la question de
perception et on doit la décider par des règles spéciales à la législation bursale.

En théorie abstraite, la perception du droit proportionnel sur les actes nuls devrait être soumise
à la constatation préalable des nullités, car un
contrat qui n'a pas existé ne devrait pas payer le
droit afférent à une convention qu'il n'établit point.
Si la chose était possible, il serait très naturel de
trancher la difficulté en disant, avec MM. Champ.
et Rig., que l'acte infecté d'une nullité absolue n'est
pas soumis au droit et que la nullité relative ne l'en
dispense pas. Mais on retombe ainsi dans les plus
grands embarras de la matière, qui sont la détermination des caractères d'une nullité, et comme le
Code ne donne nulle part de règles certaines sur ce
point, on laisse le percepteur dans l'hésitation. Ce
résultat n'est pas admissible car il détruirait l'uni-
formité de la perception et la régularité du recouvrement de l'impôt.

Au milieu des nombreux arrêts souvent contradictoires dont est semé le terrain des nullités, il est
un principe que l'on voit posé partout par la Cour
régulatrice, comme la consécration d'un haute vérité fiscale ; à savoir que le droit d'enregistrement
se perçoit selon la forme matérielle des actes. Quand
une convention a les dehors d'une vente, qu'elle
renferme les éléments de la preuve littérale du consentement, et que l'intention des parties ne résiste

15

pas manifestement à la qualification du contrat, on doit l'accepter pour telle jusqu'à preuve contraire. C'est au juge de la loi civile qu'il appartient précisément de rechercher le fond des choses, afin de dévoiler la vérité aux yeux de tous, et de restituer au contrat son caractère réel. Mais le receveur chargé d'appliquer le tarif n'a ni la même mission ni les mêmes droits. Il n'est pas placé, pour apprécier le contrat, au même point de vue que le magistrat civil; il n'a reçu que le mandat d'assurer le recouvrement de l'impôt. La nécessité où il se trouve d'examiner les caractères d'une convention ne doit donc pas dépasser ce qui lui est indispensable pour l'accomplissement de son mandat. Dès qu'il a rencontré dans le contrat qui lui est soumis la possibilité d'appliquer le tarif, et lorsque d'ailleurs il n'a lieu de supposer aucune combinaison frauduleuse pour échapper aux droits, son rôle est terminé, et tout ce qu'il ferait au-delà serait sans objet, parce qu'il n'a plus d'intérêt à le faire.

Le receveur est donc simplement chargé d'examiner l'acte au point de vue de sa perfection matérielle, et d'en combiner la contexture avec l'intention des parties, pour en faire résulter la preuve de la formation d'une convention tarifiée. Mais il n'a point à s'inquiéter d'y découvrir des vices qui y seraient recélés et pourraient l'annuler. En un mot, il est le juge de l'existence matérielle de l'acte et de son individualité, mais à la différence du juge civil il ne l'est pas de son existence légale et de sa validité.

Il suit de là que la nullité ne doit affranchir une obligation du droit proportionnel que quand elle la vicie tellement que sa formation n'a été possible à aucun instant, et qu'en outre elle se manifeste aux yeux du percepteur avec une clarté irrésistible. Devant cette nullité absolue apparente, toute possibilité de contrat s'anéantit et les causes de la perception s'évanouissent avec lui. Mais dans les autres cas où l'engagement a la moindre apparence de vie, le droit devient exigible.

Toute cette théorie a été fort habilement traitée par M. Garnier et la lucidité avec laquelle il a exposé les vrais principes de la matière a dissipé bien des doutes. On ne peut mieux faire que de renvoyer au n.° 571 de son Répertoire périodique où la question a été approfondie.

FIN.

# POSITIONS.

## DROIT ROMAIN.

1.° L'engagement contracté par le pupille sans l'*aucto-ritas* de son tuteur produit une obligation naturelle.

2.° Au temps de Justinien, il ne suffisait pas pour nover de faire une deuxième stipulation contenant *aliquid novi*

3.° La loi 44, D. 44-7, prévoit le cas d'une obligation alternative.

4.° Les lois 27, D. 2-14 et 31, § 1, D 46-2, peuvent se concilier au moyen du principe de la société.

## DROIT CIVIL FRANÇAIS.

5.° On peut nover actuellement une obligation contractée sous une condition suspensive.

6.° Quand la novation est faite par un nouveau débiteur, les hypothèques ne peuvent être réservées sur les biens de l'ancien, pour sûreté de la nouvelle créance, que du consentement de celui-ci.

7.° Quand un légataire universel est en concours avec des légataires particuliers et qu'il y a un réservataire, la réduction s'opère au marc le franc sur tous les legs, nonobstant l'art. 1009, C. N.

## DROIT CRIMINEL.

8.° La solidarité prononcée par l'art. 55 du Code pénal a lieu de plein droit et n'a pas besoin d'être prononcée par le jugement de condamnation.

9.° Les procès-verbaux en matière de simple police sont nuls à défaut d'enregistrement.

# DROIT PUBLIC.

10.° Un arrêté de compte est passible du droit proportionnel d'obligation, quand même il aurait été précédé d'un mandat enregistré.

11.° La conversion d'une rente perpétuelle en rente viagère donne ouverture au droit proportionnel d'enregistrement.

Vu :

Grenoble, le 11 juin 1859,
Le Professeur, président de la thèse,

Ph. JALABERT.

Vu :
Grenoble, le 23 juillet 1859,
Le Doyen de la Faculté,

Fréd. TAULIER.

Permis d'imprimer,
Grenoble, 20 juillet 1859.
Le Recteur de l'Académie,

QUET.

Suffragants :

MM. Jalabert, président de la Thèse;
Burdet, professeur.
Couraud,
Gide,                   } Agrégés.
Gueymard, fils,

# TABLE DES MATIÈRES.

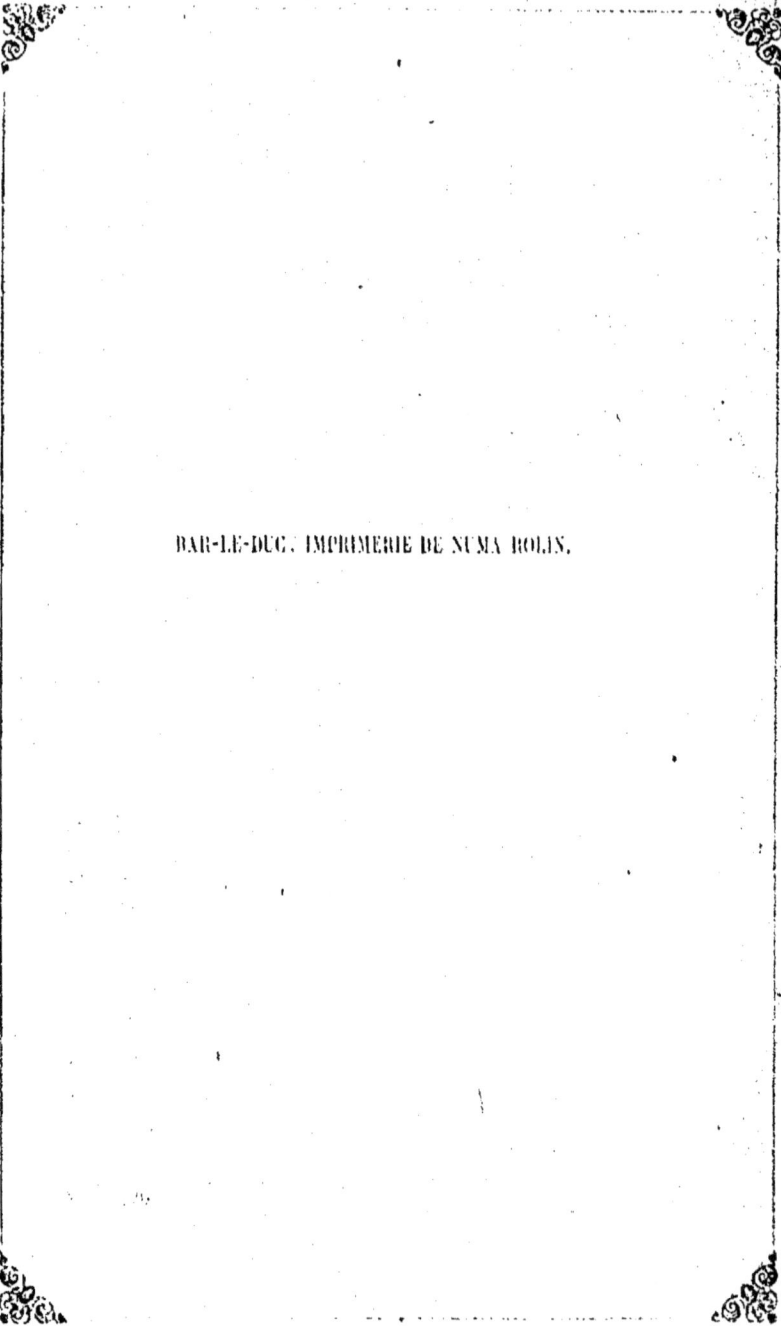

BAR-LE-DUC, IMPRIMERIE DE NUMA ROLIN.

www.ingramcontent.com/pod-product-compliance
Lightning Source LLC
Chambersburg PA
CBHW071653200326
41519CB00012BA/2501